Cursus Continuus

Vokabel-Cursus

Ausgabe A

Herausgegeben von Dr. Gerhard Fink und Prof. Dr. Friedrich Maier

verfasst von Peter Petersen und Andrea Wilhelm
unter Mitarbeit von
Dieter Belde, Dr. Gerhard Fink, Prof. Andreas Fritsch, Hartmut Grosser, Rudolf Hotz, Prof. Dr. Friedrich Maier, Wolfgang Matheus, Andreas Müller, Hans-Dietrich Unger

Berater: Dr. Karl Bayer

C.C.Buchner | Lindauer | Oldenbourg

Cursus Continuus – Unterrichtswerk für Latein als zweite Fremdsprache

Vokabel-Cursus

herausgegeben von Dr. Gerhard Fink und Prof. Dr. Friedrich Maier

verfasst von Peter Petersen und Andrea Wilhelm
unter Mitarbeit von
Dieter Belde, Dr. Gerhard Fink, Prof. Andreas Fritsch, Hartmut Grosser, Rudolf Hotz,
Prof. Dr. Friedrich Maier, Wolfgang Matheus, Andreas Müller, Hans-Dietrich Unger

Berater: Dr. Karl Bayer

Illustrationen: Michael Heinrich, München

1. Auflage 1997

Unveränderter Nachdruck 07 06 05 04 03 R
Die letzte Zahl bezeichnet das Jahr des Drucks.

Lektorat: Dr. Sibylle Tochtermann, Christina Mosler
Herstellung: Johannes Schmidt-Thomé
Umschlag: Mendell & Oberer, München
Satz und Reproduktionen: Satz+Litho Sporer KG, Augsburg
Druck: Grafik und Druck, München
Bindung: R. Oldenbourg Graphische Betriebe, München

ISBN 3-7661-**5385**-4 (C. C. Buchners Verlag)
3-87488-**661**-1 (J. Lindauer Verlag)
3-486-**87660**-0 (R. Oldenbourg Verlag)

Vorwort

Der Vokabel-Cursus bietet Übungen zur Festigung des Lernvokabulars des Unterrichtswerks CURSUS CONTINUUS, Ausgabe A.
Der Aufbau des Arbeitsheftes folgt den Kapiteln des Lehrwerks:
Zu jeder der Lektionen 1 – 50 findet sich eine Doppelseite mit Übungen.
Vorangestellt ist eine Doppelseite mit allgemeinen Tipps zum Lernen von Vokabeln.

Die Doppelseiten sind stets gleich gegliedert:

Den Auftakt bildet ein „Test“: Zu ausgewählten Vokabeln der jeweiligen Lektion sollen die deutschen Bedeutungen eingetragen werden. Der Test dient zur Selbstüberprüfung und kann als Einstieg in die Übungsphase oder zu deren Abschluss benutzt werden.

Es folgt ein vielfältiges Angebot von Übungen insbesondere zu folgenden Bereichen bzw. in folgenden Formen:

- bildliche Veranschaulichung von Vokabeln
- Wort- und Sachfelder
- Synonyme/Antonyme
- häufige Wortverbindungen
- Kontextbedeutung
- Lernform und Stammformen
- Fremdwörter
- Rätsel

Den Abschluss bildet eine Liste mit Vokabeln, die zur Wiederholung als Vorbereitung auf die jeweils folgende Lektion des Lehrwerks empfohlen wird.

Hinweise zur Benutzung:

* In sehr vielen Übungen sollen deutsche Bedeutungen der angegebenen lateinischen Vokabeln eingetragen werden. Dies kann auf den dafür vorgesehenen Linien geschehen, bei Abbildungen soll neben, unter oder in die Zeichnung hinein geschrieben werden.

* In manchen Fällen ist durch die Anzahl von kurzen Strichen oder Kästchen die Zahl der Buchstaben des einzutragenden Wortes vorgegeben. Dabei gilt: ä, ö, ü = ae, oe, ue; ß = ß.

* Für die Arbeit mit der Liste der zu wiederholenden Vokabeln bietet es sich an, in einem ersten Durchgang die Vokabeln zu streichen, die sicher beherrscht werden, und in einem zweiten Durchgang die Vokabeln, deren Bedeutung nachgeschlagen werden muss, herauszuschreiben und sie sich einzuprägen.

* Insgesamt ist es zu empfehlen, Farbstifte und Textmarker für individuelle Markierungen einzusetzen: Zur Hervorhebung von Wichtigem, zur Kennzeichnung von Schwierigem und zur weiteren Ausgestaltung der Zeichnungen.

Der beigegebene Lösungsteil ermöglicht den Schülerinnen und Schülern und den Eltern eine Kontrolle.
Ergänzend kann der Wortspeicher des Schülerbandes herangezogen werden.

Viel Erfolg mit dem CURSUS CONTINUUS und mit dem Vokabel-Cursus wünschen die Verfasser.

Tipps zum Lernen von Vokabeln

1

* Konzentriere dich auf das Lernen der Vokabeln, packe deshalb alle anderen Sachen von deinem Schreibtisch weg.
* Lerne regelmäßig Vokabeln. Nicht 30 Vokabeln auf einmal, sondern ca. 7 – 10.
* Lerne nicht eine halbe Stunde lang Vokabeln, sondern besser dreimal 5 – 10 Minuten.
* Mache zwischen dem Lernen Pausen und ruhe dich aus.
* Die letzte kurze Lernphase sollte am besten vor dem Schlafengehen sein.
* Mache nicht alle Übungen zu einer Lektion dieses Arbeitsheftes auf einmal, sondern 2 – 3 Übungen.
* Lege dir einen Plan an, wann du welche Übungen machen und welche Vokabeln du lernen möchtest.

FALSCH!

RICHTIG!

2

Es gibt verschiedene „Lerntypen“. Einige Menschen lernen leichter durch Lesen oder Schreiben, durch Hören, andere, indem sie etwas dabei tun, andere mithilfe eines Kassettenrecorders oder eines Computerprogramms. Finde heraus, was sich für dich am besten eignet.
Hier bekommst du ein paar Tipps, wie man Bewegung und Musik fürs Lernen nutzen könnte:

* „Trommel die Vokabel!“
  Sprich die Vokabeln in Silben und klopfe einen Rhythmus dazu.
* „Sing die Vokabel!“
  Trällere die Vokabel nach einer dir bekannten oder von dir erfundenen Melodie.
* „Bewege dich zur Vokabel!“
  Unterstütze das Sprechen der Vokabel durch rhythmische Bewegungen, z. B. mit dem Oberkörper oder durch Hin- und Hergehen.

3

Hilfreich können Merkhilfen oder Gedächtnisstützen (so genannte „Eselsbrücken“) sein: Dinge, die du ganz persönlich mit einer Vokabel in Verbindung bringst.

* Suche dir deine eigene Merkhilfe für eine Vokabel, z. B.:
* Stelle dir selbst kleine Kombinationen oder Sätzchen zusammen, die du dir gut merken kannst, z. B.:

doctus

<u>ut</u> <u>wie</u> <u>U</u>t<u>a</u>

Via lata est. – Die Straße ist breit.

4 Lerne nicht nur am Schreibtisch und allein, sondern nutze verschiedene Möglichkeiten und Gelegenheiten, z. B.:

5 Ein eigenes System: Karteikärtchen

Lege dir Karteikärtchen an (die kann man auch selbst aus steifem Papier ausschneiden) und trage darauf Vokabeln ein. Plane von Anfang an ein gutes System, das du immer weiter ausbauen kannst.

	Vorderseite		*Rückseite*
Vokabel + „Zubehör" →	legere (lego)	deutsche Bedeutung(en) →	lesen; sammeln
evtl. Beispielsatz → oder Zeichnung → Nummer der Vokabel →	Librum lego. 72	evtl. Fremdwörter → oder „Eselsbrücken" →	Lektüre, Lektion „**Lego**-Bausteine muss man nach dem Spielen wieder ein**sammeln**."

Mit diesen Karteikärtchen kannst du dich abhören lassen oder selbst abhören:
Du kannst dir ein Pensum einteilen, kannst sie sortieren nach Wort- und Sachfeldern, nach Lektionen, nach Wortarten, nach „gewusst - nicht gewusst", in Zeitfächer (s. „Plan" in Tipp①) und sie immer wieder neu mischen.

Man kann verschiedenfarbige Kärtchen für die verschiedenen Wortarten verwenden; lass dich dabei von deiner Lehrerin oder deinem Lehrer beraten.

Zum Abfragen kannst du dir auch aus Karton verschiedene Hüllen mit Fenstern herstellen, in die du jedes Kärtchen schieben kannst: Damit kannst du z. B. die untere Hälfte abdecken oder dich zusätzlich das „Zubehör" (z. B. bei den Verben die 1. Person) abfragen.

Bastle dir auch selbst einen Karteikasten.

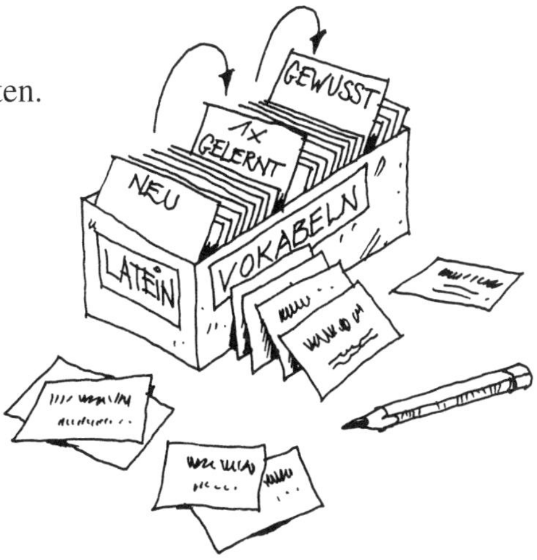

venit ....

nunc ....

audit ....

et ....

tum ....

imperator ....

modo ....

pater ....

populus ....

enim ....

ibi ....

1 **Ausgezeichnet**

Schreibe die deutschen Bedeutungen dazu.

clamat  intrat  audit  tacet  plaudit 

....

2

3

Marcus  amat.

....

4

ridet ....

gaudet ....

valde ridet ....

5

turba ....

6

simulacrum

....

7

imperator

....

8 et und et

Marcus ridet et clamat. ....

Marcus ridet. Et Cornelia ridet. ....

9 Im Circus Maximus
Schreibe zu den lateinischen Wörtern in der Zeichnung die deutschen Bedeutungen.

10 In einen Topf

nam
enim ....

11 Vergangenheit ⟷ Gegenwart

tum ⟷ nunc

.... ⟷ ....

12 Einsatz
Verwende folgende lateinische Wörter:

amat – audit – audit – clamat – clamat – ecce – enim – et – gaudet – ibi – iterum – modo – nam – non – nunc – nunc – placet – tum – ridet – ridet – sedet – spectaculum – valde – venit

Schau, dort sitzt Marcus. _ _ _ _, _ _ _ _ _ _ _ _ _ M _ _ _ _ _.

Er freut sich sehr, denn gerade kommt Cornelia. _ _ _ _ _ _ _ _ _ _ _ _,

_ _ _ _ _ _ _ _ C _ _ _ _ _ _ _ _ _ _ _ _ _ _ _.

Dann ruft Marcus. _ _ _ M _ _ _ _ _ _ _ _ _ _ _ _ _.

Cornelia hört nicht. C _ _ _ _ _ _ _ _ _ _ _ _ _ _ _ _ _ _.

Marcus ruft wiederum. M _.

Jetzt hört Cornelia. _ _ _ _ C _ _ _ _ _ _ _ _ _ _ _ _ _ _ _.

Sie lacht. Sie ist nämlich verliebt. _ _ _ _ _. _ _ _ _ _ _ _ _ _ _.

Auch Marcus lacht. _ _ M _ _ _ _ _ _ _ _ _ _ _ _ _.

Jetzt macht die Schau Spaß. _.

audit – ecce – enim – et – gaudet – ibi – iterum – nam – non – nunc – placet – populus – ridet – tacet – tum – valde – venit

amicus ……………

novus …………… ……………

altus …………… ……………

etiam …………… ……………

respondet …………… ……………

dubitat …………… ……………

dicit …………… …………… ……………

cur ……………

nemo ……………

iam ……………

via …………… ……………

1 Dagegen im Lateinischen …

Gib das Gegenteil auf Deutsch und Lateinisch an.

schlecht ⟷ …………… – ……………

alt ⟷ …………… – ……………

Feind ⟷ …………… – ……………

jeder ⟷ …………… – ……………

nie ⟷ …………… – ……………

dunkel ⟷ …………… – ……………

2 Kommt darauf an

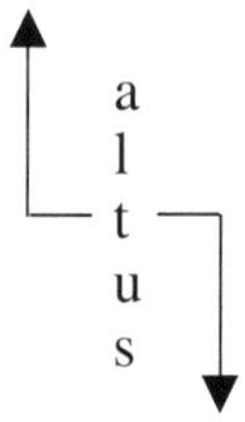

3 Gekoppelt hält doppelt

Magistra docet. ……………

Via lata est, templum altum est. ……………

4 Wie viele?

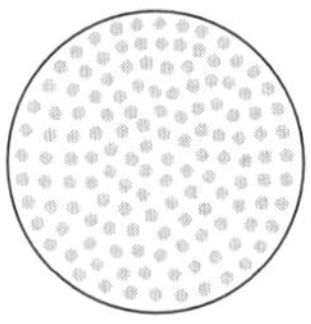

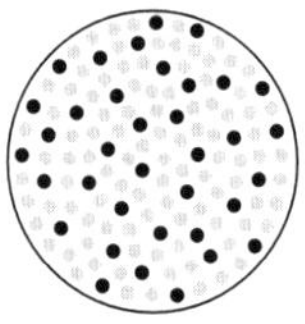

nemo …………… multi ……………

5 Frage-Zeichen

6

rogat …………… respondet ……………

7 In einen Topf

Iulia laeta est. ……………

Et Cornelia laeta est. ……………

Etiam Drusilla et Domitilla laetae sunt. ……………

8 Alles „spricht"

dicit ....

vocat ....

clamat ....

rogat ....

respondet ....

9 Alles nichts

non .... **n**ihil ....

nemo .... **n**on iam ....

10

ridet ....

gaudet ....

laetus est ....

11 Nicht alles passt

Beim Übersetzen muss man von den gelernten Bedeutungen einer Vokabel die im jeweiligen Zusammenhang passende auswählen. Entscheide dich bei den folgenden Kombinationen und schreibe die Übersetzung des Wortpaares auf.

via	lata	–	weit / breit	....
serva	nova	–	neu / neuartig	....
senator	clarus	–	klar / hell / berühmt	....
templum	altum	–	hoch / tief	....

12 Männlich – weiblich

Freund	amica

servus	Sklavin

13 Basteln

a – e – i – o – u

l – m – n – r – s – t – v

Aus diesen Buchstaben kannst du 13 lateinische Vokabeln aus Lektion 2 bilden. Schreibe sie mit ihrer deutschen Bedeutung in dein Heft auf.

14 Pech

Markiere in deiner Übersetzung die Entsprechungen für die unterstrichenen lateinischen Wörter.

Domitilla dicit: „Ibi stat Marcus." ....

Iam Cornelia gaudet. ....

Ecce: Marcus non venit. ....

Nunc Cornelia non iam gaudet. ....

Domitilla autem ridet. ....

amat – amica – autem – bonus – cur – dicit – dubitat – ecce – enim – gaudet – iam – ibi – iterum – nam – nemo – nihil – non iam – plaudit – respondet – rogat – semper – stat – tum – valde – venit

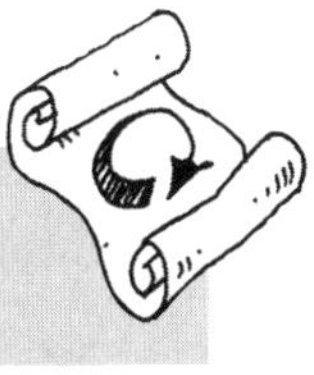

ubi ....

pauci ....

dum ....

studere ....

agere ....

solere ....

neque ....

itaque ....

hic ....

ut ....

1 Wie viele?

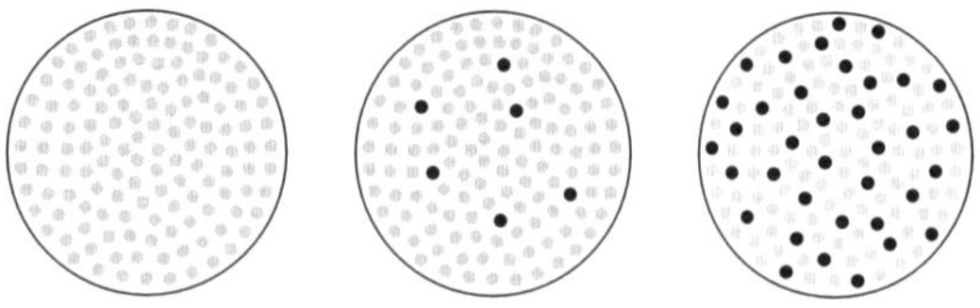

nemo ....

pauci ....

multi ....

2 Salve!

3 Ganz schöne Unterschiede!

petere

4 Wann?

Wörter lassen sich nach unterschiedlichen Gesichtspunkten ordnen, z. B. zu einer Gruppe „Zeit“.

hodie .... nunc .... tum ....

5 Nicht zu verwechseln

Titus ludit, **dum** Marcus legit.

....

....

Cornelia tacet; **tum** ridet.

....

....

6 Rätsel

Trage die deutsche Bedeutung ein und ordne die grau unterlegten Buchstaben; sie ergeben einen Begriff, der aus dem Lateinischen kommt.

dum										
ubi										
certe										
itaque										
tot										

7 Schade!

8 Gekoppelt hält doppelt

Salve, quid agis? Nihil ago, ut vides. ....

Homines docti studere solent. ....

9 Wie unpersönlich!

place
iuva — t es — ....
lice

....

....

10

11 Position

ibi ....

ubi? ....

hic ....

12 Alles nichts

non ....

nemo ....

nihil ....

non iam ....

neque ....

13

timet

....

14 Gelernt

Gib die Lernform (bei Substantiven und Adjektiven Nom. Sg., bei Verben den Infinitiv) und die deutsche Bedeutung an.

	Lernform	Wortart	deutsche Bedeutung
student			
homines			
cavetis			
docet			
docti			

altus – amare – amica – audire – autem – clarus – cur – dicere – enim – etiam – latus – modo – multus – novus – populus – respondere – ridere – rogare – servus – simulacrum – tacere – turba – valde – venire – via – vocare

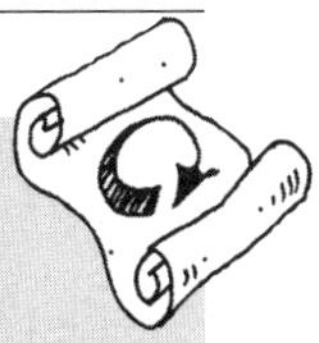

saepe ……

hora ……

aedificium …… ……

quantus …… ……

ad …… …… …… ……

negare …… …… ……

sustinere …… ……

vita ……

sed …… ……

habere …… …… ……

tantus …… ……

inter …… …… ……

1 Nahe Verwandte

Viele Wörter gehören zu einer „Wort-Familie“ und haben eine gemeinsame „Bedeutungs-Wurzel“.

…… – donare d…… – ……

…… – c…… clamor – ……

…… – docere d…… – ……

2

hora

3 Nicht zu verwechseln

Quantum clamorem audio, **quot** homines video!

……

……

Ludere non licet, **quod** multi homines ibi sunt.

……

……

4

poscere negare

5 Marcus in Bewegung

6 wie?

quot? …… \
tot …… / viele

quantus? …… \
tantus …… / groß

7 In einen Topf

autem ……

sed ……

8 Gelernt

	Lernform	Wortart	deutsche Bedeutung
dona			
clamorem			
negamus			
curritis			
aedificia			

9 Verbindend oder vorangestellt?

Markiere alle Präpositionen blau, alle Konjunktionen rot und schreibe die deutschen Bedeutungen dazu.

....	....	....	....
per	nam	quod	et
....	....	....	....
ad	inter	sed	neque

10

11

12 Rätsel

1 60 Minuten

2 kleiner als eine Straße

3 Gegenteil von Tod

4 Gegenteil von Ruhe

5 gemütlich gehen

6 Er besitzt Sklaven.

7 Gegenteil von tadeln

8 behaupten, dass man etwas nicht getan hat

9 Gegenteil von weggehen

10 nicht immer, aber auch nicht selten

agere – audire – clarus – cur – dum – ecce – enim – esse – gaudere – hodie – homo – iam – ibi – intrare – itaque – iuvat – modo – multus – nam – nemo – nihil – non iam – petere – quid – rogare – semper – simulacrum – tacere – valde – venire – via – videre – vocare pro ....

mulier ....

de ....

malus ....

animus ....

sperare ....

locus ....

subito ....

deus ....

magnus ....

cum ....

1 Männlich – weiblich

servus	Sklavin

	domina

deus	

	amica

pater	

2 Prä-Positionen

Zeichne ein „Strichmännchen" ein und verdeutliche die Präposition gegebenenfalls durch Pfeile.

Pro aedificio stat.

....

De Capitolio descendit.

....

Cum amico ambulat.

....

Ex aedificio currit.

....

Inter aedificia stat.

Ad patrem accedit.

In aedificio stat.

In aedificium currit.

3

Multas horas exspectat.

4

subito

5 Gekoppelt hält doppelt

magna cum cura observare ....

amicum exspectare ....

in animo habere ....

6 Entweder – oder

Markiere die Substantivformen rot und setze cum dazu; markiere die Verbformen blau. Übersetze alle Formen.

muliere	manere	sperare	senatore
....	....	....	....
patre	perdere	deo	perdo
....	....	....	....
specto	servo	caveo	exspectare
....	....	....	....

7 Anders gesagt

non pauci, sed m..........

non sine, sed c..........

non ibi, sed h..........

non tacere, sed d..........

non malus, sed b..........

8

9

10

spectat

11 Sil-ben-rät-sel

Die Silben ergeben sieben lateinisch-deutsche Wortpaare.

ach – be – bö – ei – fen – for – frus – geb – hof – len – leicht – lich – lus – ma – maes – ob –

ob – pe – pro – ra – ra – re – re – re – rig – se – se – ser – spe – tas – ten – tra – trau – tus –

va – ver – viel

autem – clamor – clarus – cur – deliberare – donum – dubitare – dum – ecce – enim – homo – iam – itaque – iterum – laetus – laudare – nam – neque – neque … neque – num – per – petere – populus – poscere – quid – rogare – saepe – sed – studere – sustinere – tantus – tum – turba – vicus – vocare alius ……………………

ne … quidem ……………………

littera ……………………

litterae …………… ……………………

alter …………………… ……………………

laborare …………… …………… ……………

cedere …………… …………… ……………

tam ……………

timor ……………

pugna ……………

pecunia ……………

victoria ……………

1 Nahe Verwandte

Ergänze das Substantiv bzw. das Verb, das zur Wortfamilie gehört, und die deutschen Bedeutungen.

…………… –	donum	……………	–	……………
…………… –	……………	spectare	–	……………
…………… –	clamor	……………	–	……………
…………… –	……………	timere	–	……………
…………… –	ludus	……………	–	……………
…………… –	……………	pugnare	–	……………
…………… –	amor	……………	–	……………

2

3 Alles Nichts

non ……………

nemo ……………

nihil ……………

non iam ……………

neque ……………

ne … quidem ……………

4 Aua!

vulnerare ……………

dolere ……………

nex ……………

5

6 Ohne

Curis vaco.

☺ ……………

Amicis careo.

☹ ……………

7 ludus gladiatorius

Homines gladiatores exspectant.

Syrus et Barbatus intrant.

Salutant.

Vocant: Imperator, te salutamus.

Pugnant.

Alter alterum gladio vulnerare student.

Laborant.

Loco non cedunt.

Syrus non sustinet.

Iacet.

Dolet.

Vitam perdit.

Barbatus victor est.

Victoria gaudet.

8 Arm und Reich

Pecunia caret.

Divitiis abundat.

9 Ich und …

10 In einen Topf

igitur

itaque

a/ab – agere – ambulare – audire – bonus – cum – cunctus – dea – deus – hic – in – maestus – magnus – malus – manere – mulier – negare – num – observare – plaudere – pro – quod – respondere – sine – sperare – tacere – valde

auxilium ....

inquit ....

posse ....

nisi ....

convenire ....

accidere ....

valere ....

dare ....

solus ....

tamen ....

quis ....

1 Frage-Zeichen

Stelle die dir bekannten Frage-Pronomina, -Adverbien und -Partikel zusammen.

q — — — – .... q — — — — — — – .... -n — = ...

q — — — – .... u — — – .... n — — = ...

q — — — – .... c — — – .... n — — — — = ...

2 Nicht zu verwechseln

Maestus sum, **tamen** rideo.

....

Cur ibi stas? Veni **tandem!**

....

3

4

legere

scribere

5 Vieldeutig: convenire

Wähle aus den verschiedenen Bedeutungen die jeweils passende.

Senatores in forum
Puellae amicas — conveniunt. — ....
Non cuncta in cunctos

....

....

....

6 Froh und zufrieden

Donum placet. ....

Dono gaudeo. ....

Dono me delectas. ....

Dono me concilias. ....

7 In einen Topf

tam bonus	Marcus **dicit:** „Hodie laetus sum.“
....	....
sic placet	„Hodie“, **inquit** Marcus, „laetus sum.“
....	....

8 Wer oder was ist im Tempel?

Trage eine deutsche Bedeutung ein und ordne die grau unterlegten Buchstaben.

contentus									
scribere									
puella									
solus									
debere									

9

10 So viele Fragen!

Markiere die Frage-Partikel und übersetze.

Te rogo, magna dea: ....

Hominesne protegis? ....

Num homines malos protegis? ....

Nonne homines bonos protegis? ....

11 Gelernt

	Lernform	Wortart	deutsche Bedeutung
potestis			
sacrificiis			
dant			
finimus			
possunt			

12 Bedingungen

si ....

nisi ....

abundare – animus – autem – cavere – certe – cura – de – doctus – dominus – enim – exspectare – iam – imperator – itaque – littera – magis – neque … neque – nunc – petere – placere – populus – saepe – sed – semper – studere – timere – tot – tum – ut – vita

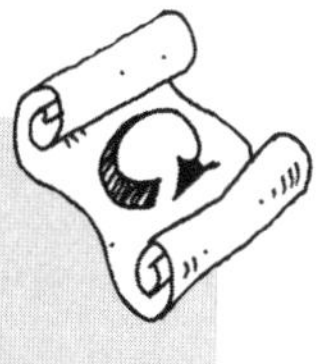

ager ....

rex ....

terra ....

vir ....

consilium ....

miser ....

curare ....

oppidum ....

filius ....

liber ....

periculum ....

1 Besitz-Anzeige

Trage die Possessiv-Pronomina und ihre deutsche Bedeutung ein.

	Singular	Plural
1. P.	.... –	.... – ....
2. P.	.... –	.... – ....
3. P.	.... –	.... – ....

2 In ludo Romano

puer ....

legere

....

liber

....

sedere

....

magister ....

docere ....

sero venire ....

salutare ....

stare ....

3 Gekoppelt hält doppelt

plenus invidiae ....

oppidum in Italia situm ....

cupidus gloriae ....

bonum consilium dare ....

4 Traumhafter Misch-Masch

Trage die Übersetzung der eingeklammerten lateinischen Wörter in die Lücken ein.

August .... (narrat): .... (Curro) durch eine Stadt, so schnell .... (possum). .... (Subito) schreit .... (homo): „Lauf schneller, du kommst .... (sero).“ .... (Tandem) komme ich aus der Stadt hinaus. Da steht .... (puella pulchra) und weint: .... (Nemo me miseram curat.) Ein .... (monstrum) stürzt auf sie zu. Ich ziehe .... (gladium) und töte .... (monstrum). .... (Puella) hört auf zu weinen .... (et dicit): „Du hast .... (filiam regis) .... (e magno periculo) gerettet. .... (Pater) wird dich .... (divitiis) überhäufen.“ Sie kommt auf mich zu – und da bin ich aufgewacht.

5 Gelernt

	Lernform	Wortart	deutsche Bedeutung
ago			
agro			
liberas			
libros			
admonetis			
inveniunt			

6

navigare

7 Männlich – weiblich

filius	Tochter		puella
	mulier	magister	

8

ira

alius – ambulare – clamor – cum – cur – deus – fortasse – gaudere – hic – hora – ibi – igitur – malus – modo – nam – neque – nonne – properare – protegere – -que – quod – quot – rogare – salutare – sic – tam – tamen – timor – ubi – vadere – valde – vicus bene ....

nonnulli ....

post ....

vox ....

officium ....

quaerere (ex) ....

discedere ....

quo ....

ante ....

scire ....

tenere ....

1 Nahe Verwandte

Ergänze das Substantiv bzw. das Verb, das zur Wortfamilie gehört, und die deutschen Bedeutungen.

....	– vox	....	–	....
....	–	gaudere	–	....
....	– votum	....	–	....
....	–	curare	–	....

2 Stammformen

Trage die jeweils fehlenden Formen und deutschen Bedeutungen ein.

claudo	....	....	....
....	evasi	....	....
....	....	deserere	....
....	....	....	suchen, erwerben

3 Endlich!

Marcus Lucium non videt.

....

Amicum ubique quaerit.
E cunctis hominibus quaerit:

....

Tandem amicum invenit.

....

4 Antworten auf „wie?"

sic .... tam .... valde .... adeo ....

5

	C		C		C	
C	A	R	C	E	R	C
	R		A		C	
C	C	A	R	C	E	R
	E		C		R	
C	R	A	E	R	A	C
	C		R		C	

6 Kommen – Stehen – Weggehen

wohin ...	wo ...	woher ... / von wo ...
venire	stare	evadere ....
vadere	manere	cedere ....
currere	iacere	discedere ....
petere	exspectare	abducere ....
accedere	ambulare	descendere ....
intrare		deserere ....

7 Wie viele?

nemo .... unus .... pauci .... nonnulli .... multi .... cuncti ....

8 Gekoppelt hält doppelt

Quo vadis? ....

Nihil scio. ....

Officium bene exples. ....

Pretium e mercatore quaerimus. ....

9 Wo?

ante aedificium post aedificium apud aedificium

10

Des is a Gaudi!

adiuvare – agere – autem – clarus – cum – dare – de – dicere – doctus – etiam – iam – imperator – inquit – inter – invidia – laudare – legere – liber – littera – maestus – nex – per – posse – quid – quod – respondere – ridere – sed – semper – studere – subito – tum – victor – vituperare bellum ………………………… miles …………………………

satis ………………………… ubi …………………………

copia ………………………… ………………………… copiae ………………………… …………………………

movere ………………………… ………………………… …………………………

comprehendere ………………………… ………………………… ………………………… …………………………

relinquere ………………………… ………………………… …………………………

pellere ………………………… ………………………… …………………………

1 „Bei" und „unter"

Markiere die beiordnenden Konjunktionen blau, die unterordnenden rot und schreibe die deutschen Bedeutungen dazu.

nam	quod	ubi	cum	nisi	sed	et
…………	…………	…………	…………	…………	…………	…………
etiamsi	postquam	ut	neque	dum	si	
…………	…………	…………	…………	…………	…………	

2 Ein Kreuz mit „ubi"?

Übersetze. Was bedeutet „ubi" und welche Wortart ist es jeweils?

1. Marcus, ubi fuisti?"

2. „Dave, ubi Davum vidit, statim clamavit:

3

superbia

4 „Militanter" Wortschatz

milites …………………………

legio ………………………… copiae …………………………

bellum parare …………………………

oppidum circumdare …………………………

pellere …………………………

vincere …………………………

triumphum agere …………………………

5 Aua!

caedere

....

6 Stammformen

adiuvo	....	....	....
....	pepuli	....	....
....	....	prodere	....
....	....	....	bewegen, beeinflussen, hervorrufen

7 Rätsel

1 Gegenteil von laudare

2 das machen Dichter

3 nicht bevor, sondern …

4 oder

5 eine Beteuerung: auf alle Fälle

6 wenn auch, selbst wenn

7 Geben und …

8 anders für: „Es reicht!"

9 jemanden eines Verbrechens …

10 das machen Schüler

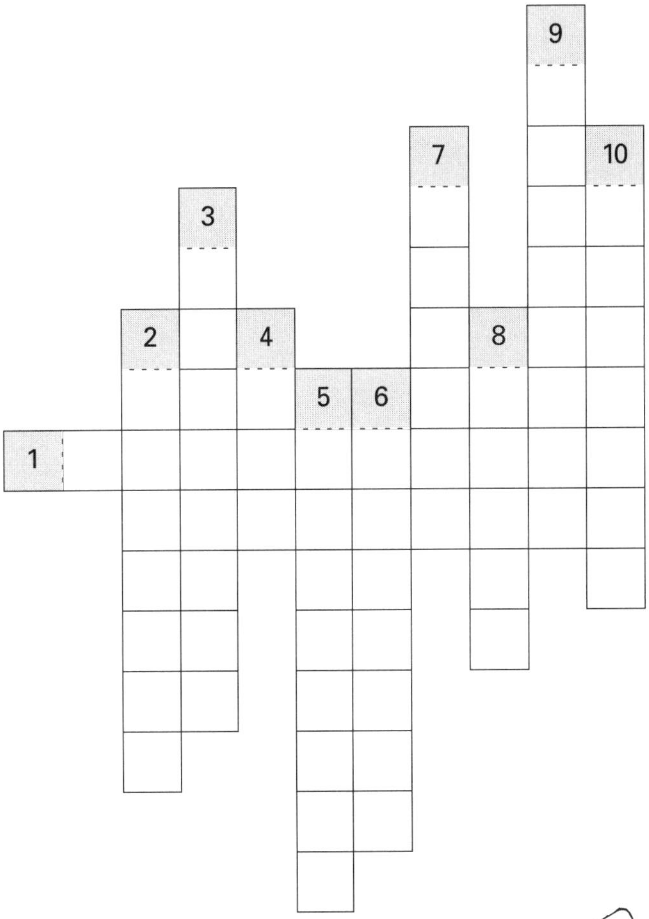

adeo – aeternus – alius – animus – cavere – cedere – conciliare – consilium – debere – deliberare – enim – inquit – itaque – iterum – iuvat – liberare – licet – modo – mulier – neque … neque – nonnulli – periculum – petere – placere – rex – rogare – tamen – tandem – timor – valde – vir – vox

pax ....

honos ....

paulum ....

occidere ....

concedere ....

comparare ....

perturbare ....

fere ....

tribuere ....

nos ....

1 Mehrzahl-Bedeutungen

a) Substantive, die nur im Plural vorkommen (Pluralwörter) und
b) Substantive, die im Plural eine andere Bedeutung haben als im Singular:

a) .... – ....

.... – ....

b) Sg.: .... – .... Pl.: .... – ....

Sg.: .... – .... Pl.: .... – ....

2

audacia

3 Gekoppelt hält doppelt

Magna pericula imminent. ....

insidias parare ....

copias comparare ....

pax diuturna ....

cuncti fere homines ....

4 Vieldeutig: imperium

Miles / Augustus diu / Magnum erat — imperium — consulis exspectat. / tenebat. / Romanum.

consulis exspectat. ....

tenebat. ....

Romanum. ....

5 Unterschied

multum

paulum

6 Quis turbam perturbavit?

Die Antwort erfährst du, wenn du die deutschen Bedeutungen einträgst und die umrahmten Buchstaben von unten nach oben liest.

1 seditio _ _ _ □ _ _ _ _

2 perturbare _ _ _ _ _ _ □ _ _ _ _ _ _

3 notus _ _ _ _ _ _ _ □

4 nominare _ _ _ _ _ _ □

5 ara _ _ _ □ _

6 audacia _ _ _ _ _ _ □ _ _ _

7 privatus □ _ _ _ _ _ _

8 honos _ _ _ □

9 vivere □ _ _ _ _

10 heres □ _ _ _

7 Ich und du und …

8 Stammformen

occido	....	....	....
....	tribui	....	....
....	....	concedere	....
....	....	....	leben ....

9 Weißt du's?

Setze aus den Silben die Wörter, die fehlen, zusammen, trage sie ein und übersetze.

a – as – ci – gi – he – ho – na – no – no – pa – pro – ra – re – res – res – ta – trem – vin

1. .... ante templum sita est. 2. Romani multas .... habuerunt.

3. Cleopatra fuit .... Aegypti. 4. Octavianus fuit .... Caesaris.

5. Senatores Octaviano .... tribuerunt. 6. Senatores Octavianum .... patriae nominaverunt. 7. Cuncta mihi .... erant.

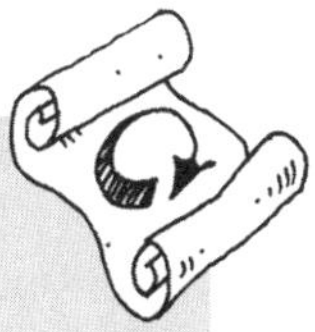

agere – autem – comparare – cura – gaudium – iam – imperator – ira – liberare – manere – miser – movere – nam – nex – pax – post – postquam – relinquere – scire – semper – solere – superbia – sustinere – tum – ubi – ubique – vincere

liber ....

mos ....

quamquam ....

amittere ....

ducere ....

is, ea, id ....

qui, quae, quod ....

deïnde ....

mores ....

postea ....

1 That's life!

vita

- vitam agere
- vitam miseram vivere
- vitam amittere
- vita gaudere
- vita cedere

2 Weiblich

Stelle aus den Silben 11 Bezeichnungen für eine weibliche Person zusammen.

a – a – ca – do – el – fi – gi – gis – ier – la – li – ma – ma – mi – mi – mul – na – na – pu – re – ror – ser – so – ter – tra – u – xor – va

3 Gelernt

	Lernform	Wortart	deutsche Bedeutung
veniam			
veni			
liberum			
librum			
multo			
muto			

4 Auf einen Blick

Unterordnende Konjunktionen:

postquam ....

ubi ....

dum ....

donec ....

cum ....

quod ....

quamquam ....

si ....

nisi ....

etiamsi ....

5

parvus – magnus

6 Gekoppelt hält doppelt

uxorem ducere ....

Marcum amicum ducere ....

multos annos ....

mores asperi ....

Fave mihi, magna dea! ....

Nihil magis opto. ....

7 Vieldeutig: gignere

Iulia / Terra / Bellum — genuit — tres filios. / vinum. / iram.

tres filios. ....

vinum. ....

iram. ....

8 Stammformen

duco	....	....	....
....	amisi	....	....
....	....	gignere	....
....	....	....	entfernen, wegschaffen

9 Viel Zeit

Wann?	↓ nunc	↓ modo	↓ statim	↓ mox	↓ postea
	....	....	....	....	....

Welche Reihenfolge? primo ➔ deïnde ➔ tum

....

Wie oft? saepe ↗ iterum atque iterum ↗ semper

....

10 In einen Topf

et	et ....
etiam	-que ....
quoque	atque/ac ....

abducere – ante – cito – clarus – currere – evadere – fortasse – hic – ibi – inter – invenire – laetus – laudare – malus – narrare – nominare – occidere – oppidum – pauci – pellere – properare – puer – quaerere – quantus – rex – sed – tandem – ubique – vicus – vir – vituperare – vivere

13

iniuria ....

forte ....

tempus ....

tradere ....

servare ....

agmen ....

regnum ....

frater ....

quam ....

diu ....

opus ....

numerus ....

1 Gekoppelt hält doppelt

oppidum condere ....

ante Romam conditam ....

magnum opus ....

Senatores decreverunt: ....

veniam dare ....

pecuniam reddere ....

2 Mehr „geben"

dare ....

condere ....

tradere ....

reddere ....

3

agmen

4 Gelernt

	Lernform	Wortart	deutsche Bedeutung
nomine			
nomino			
regem			
regnum			
tempora			
scelera			

5 Die Fabel von Wolf und Lamm

lupus ....

appropinquare ....

lacessere ....

timere ....

laedere ....

timor ....

irridere ....

iniuria ....

6

nepos avus

7

pastor

8

9 Zusammenhang

aedificium	diu ....
aedificare	diuturnus ....

nomen	rex ....
nominare	regnum ....

ridere	iniustus ....
irridere	iniuria ....

10 Stammformen

laedo	....	....	....	....
....	decrevi	....	....	....
....	....	traditum	....	....
....	....	....	exponere	....
....	....	....	....	reizen, herausfordern

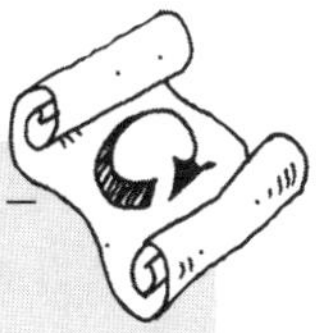

altus – annus – apud – cedere – contentus – cupidus – divitiae – donec – enim – firmus – frustra – iacere – insidiae – itaque – iterum atque iterum – manere – modo – mulier – negare – parare – periculum – pulcher – quoque – relinquere – satis – sic – situs – solere – uxor – valde – vincere – vir

fuga	voluntas ....
summus	vix ....
vis	vires ....
dux	
turris	antiquus ....
oppugnare	expugnare ....

1 In einen Topf

.... – probus b.......... – ....

.... – u.......... coniunx – ....

.... – copiae v.......... – ....

.... – t.......... deïnde – ....

2

3 Gelernt

vix vis

	Lernform	Wortart	deutsche Bedeutung
viris			
virium			
doleo			
dolo			
duci			
duxi			

4

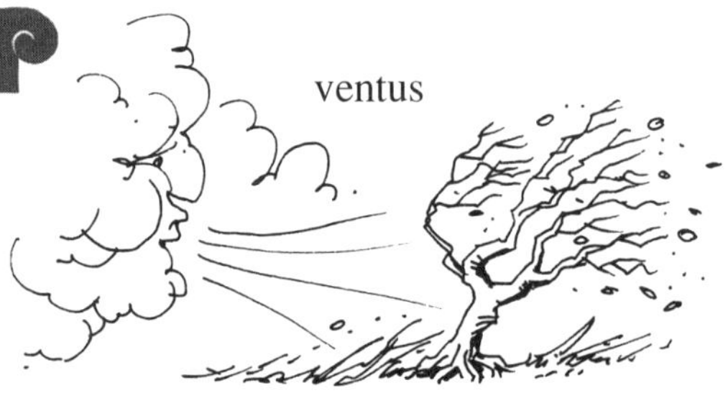

5 … und -In

Drei Substantive, die mask. **und** fem. sind:

c_ _ _ _ – ....

c_ _ _ _ _ _ – ....

d_ _ – ....

6

7 Sachfeld „Krieg“

bellum ……………………
pugna ……………………
pugnare ……………………

oppugnare ……………………
circumdare ……………………
moenia ……………………
turris ……………………

expugnare ……………………
pellere ……………………
vulnerare ……………………
occidere ……………………
gladius ……………………
fuga ……………………
agitare ……………………
vincere ……………………
victoria ……………………
victor ……………………

imperator ……………………
dux ……………………
miles ……………………
legio ……………………
copiae ……………………
vires ……………………

8

10

9 Gekoppelt hält doppelt

ventis adversis ……………………
dolo pugnare ……………………
fugam capessere ……………………
voluntas deorum ……………………

11 Stammformen

deleo	……	……	……	……
……	abduxi	……	……	……
……	……	monitum	……	……
……	……	……	evadere	……
……	……	……	……	bleiben, warten, erwarten

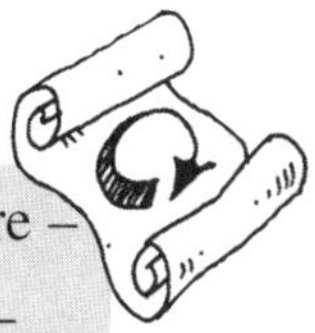

ara – carere – ceteri – deserere – dum – etiam – etiamsi – insidiae – invenire – iuvat – miser – movere – narrare – neque – nonne – nonnulli – num – oppidum – pastor – patria – pauci – petere – properare – rex – scire – sed – semper – servare – statim – subito – tamen – timere – tradere – turba – ubi – votum equus ……………… porta ………………

silva ……………… castra ………………

putare ……………… ……………… prudentia ………………

statuere ……………… ……………… ………………

mittere ……………… ……………… ………………

patere ……………… ………………

credere ……………… ………………

1 Gruppenbild

	sacerdos ………………	monstrum ………………	timor ………………
dolere ………………			nex ………………
filius ………………			laborare ………………
opprimere ………………			occidere ………………
capessere ………………			
periculum ………………	circumdare ………………	vis ………………	vulnerare ………………

2 Vieldeutig: praestare

Laocoon ceteris prudentia — praestitit. — ………………

Titus se bonum amicum — praestitit. — ………………

Populus consuli honorem — praestitit. — ………………

3 Wie unpersönlich!

Iuva / Place / Lice / Appare / Consta **t**

} multos libros legere.

} te multos libros legisse.

Es

……………… } ………………

……………… } ………………

……………… } ………………

……………… } ………………

……………… } ………………

4 Stammformen

credo				
	statui			
		missum		
			opprimere	
				herbeieilen

5 Gemein

fraus ……

dolus ……

insidiae ……

iniuria ……

scelus ……

nex ……

vulnerare ……

laedere ……

prodere ……

6

trahere equus

7 Ja und nein

sagen, dass

ja — nein

affirmare — negare

8 Zusammenhang

scire ……
nescire ……

miser ……
misericordia ……

firmus ……
affirmare ……

stare ……
constare ……
praestare ……

9 Gekoppelt hält doppelt

misericordia motus ……

in silvis latere ……

Portae patent. ……

iniuriam punire ……

de pace cogitare ……

Milites in castris sunt. ……

11

praeci-
pitare

10 In einen Topf

Marcum pro amico habeo. …… Marcum amicum puto.

agere – autem – cavere – circumdare – clarus – condere – cunctus – delere – descendere – docere – donum – ducere – dux – enim – hic – iam – ibi – imperium – inimicus – inquit – liber – moenia – monere – mos – parare – pax – pellere – relinquere – rogare – sic – sine – solere – tempus – tum

16

urbs ....

gens ....

ille ....

finis ....

auctor ....

ponere ....

civitas ....

mons ....

lux ....

primus ....

mors ....

1 Gekoppelt hält doppelt

orbis terrarum ....

victis parcere ....

sedes beatae ....

patri parere ....

inimicis nocere ....

suo tempore ....

2

orbisorbisorbisorbis

3 Nahe Verwandte

....	– r..............................	regnare	–	....
....	– sedes	s..............................	–	....
....	– g..............................	gignere	–	....
....	– navis	n..............................	–	....
....	– v..............................	vivere	–	....
....	– dux	d..............................	–	....
....	– f..............................	finire	–	....
....	– superbia	s..............................	–	....
....	– p..............................	imprimis	–	....

4 Gedächtnisleistung

memoriae prodere ....

memoria tenere ....

memoriam perdere ....

5 Götter und Menschen

deus ……………

dea ……………

fatum ……………

……………

sors ……………

……………

orare ……………

vovere ……………

votum ……………

sacrificium ……………

oraculum rogare ……………

deos conciliare ……………

templum

……………

ara

……………

simulacrum

……………

protegere ……………

adiuvare ……………

sacerdos ……………

vates ……………

monstrum ……………

oraculum ……………

6 Quis erit?

Setze die Namen in diese Prophezeiung des Anchises ein und übersetze.

…………… urbem Romam condet. ……………

…………… auctor novae gentis erit. ……………

…………… in civitate libera primus consul erit. ……………

7 Stammformen

pono				
	peperci			
		descensum		
			ducere	
				schicken, gehen lassen; werfen

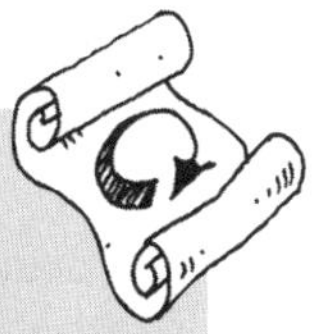

accusare – alius – animus – audacia – autem – auxilium – caedere – capessere – comes – consilium – credere – diu – dolus – donec – fere – fraus – fuga – insidiae – iuvat – manere – nisi – nusquam – occidere – oppugnare – opus – postquam – propinquus – prudentia – statim – tradere – ubi – vicus

17

hostis ....

nuntiare ....

nuntius ....

capere ....

diripere ....

facere ....

cognoscere ....

nullus ....

tutus ....

princeps ....

1 Nicht zu fassen!

oppidum – capere – castra hostium

consilium – capere – naves

2 Alles nichts

non ....

nihil ....

nemo ....

non iam ....

neque ....

nullus ....

numquam ....

3 Machen und tun

vim – facere – pacem

iniuriam – facere – verba

4 Lebhaft

vita – ....

anima – ....

vivere – ....

parere – ....

5

iacere, iaceo, iacui

iacere, iacio, ieci, iactum

6 Herrscher

rex ....

princeps ....

imperator ....

7

Milites se recipiunt.

8 Gekoppelt hält doppelt

Nuntius nuntiat. ……………………………………

curam adhibere ……………………………………

victoriam parere ……………………………………

vita privare ……………………………………

oppidum hostium diripere ……………………………………

causam cognoscere ……………………………………

Tarquinius magna cum crudelitate regnavit. ……………………………………

……………………………………………………………………

9

cognoscere

10 In einen Topf

……………… – interficere | o……………… – ………………

……………… – d……………… | diripere – ………………

……………… – optare | c……………… – ………………

……………… – v……………… | laedere – ………………

11 Stammformen

cupio				
	cognovi			
		factum		
			capere	
				fliehen, meiden

12 Nahe Verwandte

……………… – fugere | f……………… – ………………

……………… – ……………… | nuntius – ………………

……………… – cupere | c……………… – ………………

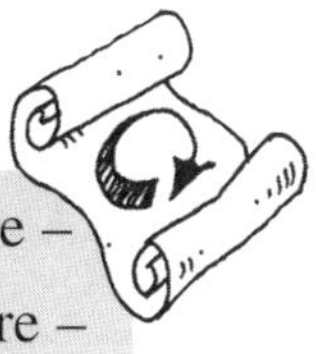

agere – cavere – cedere – clarus – concedere – enim – etiam – exponere – gens – iam – igitur – imminere – inimicus – iniustus – inquit – liberare – mittere – mors – movere – pellere – perdere – periculum – punire – putare – quam – regnare – regnum – seditio – solere – sumere – tam – tandem – tempus – timere – urbs

18

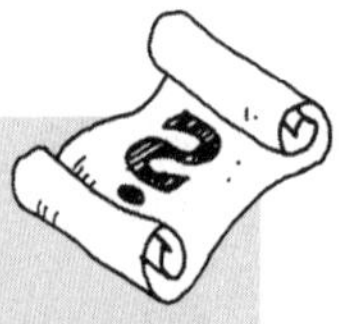

celer ....

acer ....

communis ....

omnis ....

consulere ....

iudicium ....

perficere ....

lex ....

ius ....

post *(Adv.)* ....

pars ....

1 Gekoppelt hält doppelt

salus communis ....

fabulam narrare ....

Qua de causa id fecisti? ....

Bono consilio opus est. ....

homo prudens ....

decem annis post ....

2

3 Recht

lex ....

ius ....

iudicium ....

4

equus eques

5

legatus

6 Stammformen

describo	....	....	....	....
....	consului	....	....	....
....	....	perfectum	....	....
....	....	....	movere	....
....	....	....	....	berichtigen, verbessern

7 Ausgerechnet

quattuor + septem = undecim

quattuor + quinque = ...

.... – novem = tria

tria + ... = octo

decem – sex = ...

octo – .... = sex

8 Vieldeutig: consulere

Achte besonders auf den Kasus, mit dem consulere verbunden ist.

Patres: „De pace — consulemus.“ ……………………

Amici: „Miseris hominibus — consulemus.“ ……………………

Sacerdotes: „Oraculum — consulemus.“ ……………………

9 Zusammenhang

ira ……………………
iratus ……………………

crudelitas ……………………
crudelis ……………………

facere ……………………
perficere ……………………

civitas ……………………
civis ……………………

consilium ……………………
consulere ……………………

iudicium ……………………
ius ……………………
dicere ……………………

10 Du kennst mehr Vokabeln, als du denkst!

Das erste Adjektiv-Substantiv-Paar hast du schon kennen gelernt; erschließe aus den anderen Adjektiven die Bedeutung der zu ihrer Wortfamilie gehörenden Substantive.

1. crudelis …………………… crudelitas ……………………
2. celer …………………… celeritas ……………………
3. brevis …………………… brevitas ……………………
4. utilis …………………… utilitas ……………………
5. mortalis …………………… mortalitas ……………………

11

ingens animal

12

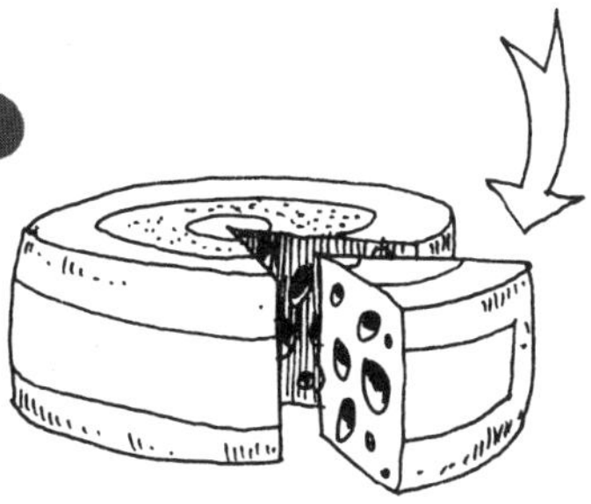

pars

alter – animus – caedere – capere – castra – cogere – credere – decernere – delere – diu – dux – eques – evadere – fere – iam – invenire – licet – moenia – mos – mulier – nisi – nonnulli – nuntiare – occidere – omnis – petere – ponere – postea – princeps – quamquam – saepe – satis – scire – sed – sperare – tantus – tempus exercitus .... impetus ....

cogere ....

totus .... certus ....

socius .... multitudo ....

pedes ....

confirmare ....

augere ....

1 Gekoppelt hält doppelt

Tota urbe tumultus erat. ....

in illo discrimine ....

Milites salvi in castra se recipiunt. ....

pro certo habere ....

multitudo hominum ....

impetum in hostes facere ....

et pater et mater ....

2

eques pedes

3 Stammformen

caedo				
	sustuli			
		auctum		
			cogere	
				fassen, ergreifen; erobern

4 Zusammenhang

constare ....
constantia ....

firmus ....
affirmare ....
confirmare ....

petere ....
impetus ....

publicus ....
publicum ....

5 Vieldeutig: tollere

clamorem
timorem → tollere ....
legem
....
....

6

custos

7 Rätsel

Setze die deutschen Bedeutungen dieser Wörter aus dem Bereich „Heerwesen“ ein; die umrahmten Buchstaben ergeben – richtig sortiert – einen weiteren Begriff.

1 expugnare _ _ _ _ _ ☐ _
2 exercitus _ ☐ _ _
3 hostis _ _ ☐ _ _
4 delere _ _ _ _ ☐ _ _ _ _ _
5 pedes _ ☐ _ _ _ _ ■ _ _ ■ _ _ _
6 impetus _ _ _ _ _ _ ☐
7 socius _ _ _ _ _ _ _ _ _ _ _ ☐
8 copiae _ _ _ _ ☐ _ _
9 clades _ _ _ _ _ _ _ ☐ _ _

9

mille lire

8 Magistratus, magistratus

....	das oberste Gremium
....	dessen Mitglieder
....	der Versammlungsort
....	(bei Notstand)
....	die Beamten
....	zwei Konsuln
....	die Gerichtsvorsitzenden
aediles..................................	Beamte für öffentliche Ordnung
....	Finanzbeamte
....	Volkstribunen

10

discrimen

abundare – adiuvare – agmen – alius – amittere – autem – certe – debere – divitiae – exspectare – firmus – frustra – iam – miles – miser – mons – nam – ne – non iam – nonne – opus est – perdere – post – profecto – quod – salus – servare – spectare – summus – tacere – tenere – urbs – valde – victor – vincere corpus ....

captivus ....

nobilis ....

virtus ....

adesse ....

superare ....

appellare ....

libertas ....

praeda ....

at ....

1 Natürlich!

animal .... caelum .... ventus .... mons ....

equus ....

hortus ....

flumen ....

silva ....

bestia ....

lupus ....

ager .... mare .... terra ....

2 Ruhm und Ehre

gloria ....

honos ....

lumen ....

decus ....

3 Zusammenhang

liber .... libertas	vir .... virtus ....

4 Stammformen

perdo	....	....	....	....
....	affui	....	....	....
....	....	victum	....	....
....	....	....	sonare	....
....	....	....	....	binden, fesseln

5 Nicht nur nicht

Bei welchen beiden Ausdrücken ändert sich durch die Verneinung auch deren Bedeutung?

non invenire – non cognoscere – non debere – non dubitare – non ignorare – non observare

6 Chemisch

Viele Abkürzungen für die chemischen Elemente kommen aus dem Lateinischen, z. B.

Au ← _ _ _ _ _ – ……………………

Ag ← _ _ _ _ _ _ _ _ – ……………………

7 triumphus

tuba …………… imperator …………… imago …………… captivus ……………

miles ……………

eques ……………

currus ……………

equus ……………

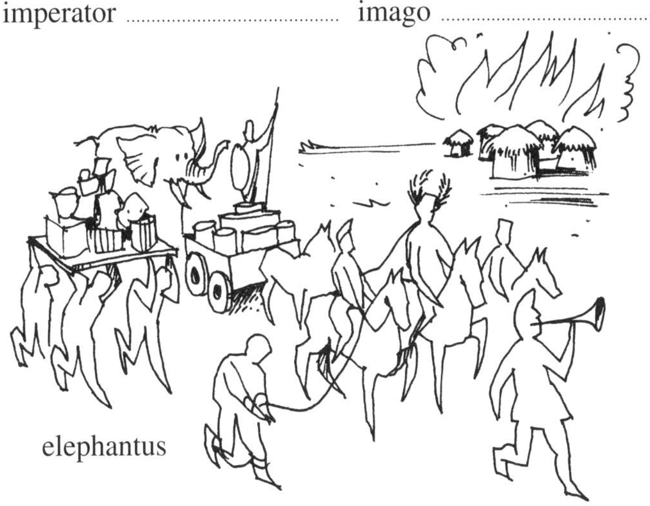

elephantus ……………

vincire ……………

praeda ……………

portare ……………

diripere ……………

8 Musikalisch

Gib die lateinischen Vokabeln, die den Begriffen zu Grunde liegen, und ihre deutschen Bedeutungen an.

Tuba	*von*	……………………	– ……………………
Opus (96)	*von*	……………………	– ……………………
Sonate	*von*	……………………	– ……………………
Solist	*von*	……………………	– ……………………
Tempo	*von*	……………………	– ……………………
Alt*stimme*	*von*	……………………	– ……………………

9 Gekoppelt hält doppelt

genus nobile ……………………

hostes superare ……………………

Imperator milites appellat. ……………………

Carmina sonant. ……………………

Victores victos vinciunt. ……………………

10

animal atrox terrere

abducere – asper – caedere – capere – cavere – ceteri – comes – crudelis – cupere - discedere – domina – enim – etiam – ira – irridere – itaque – modo – mos – ne … quidem – opprimere – parere – placere – quoque – saepe – sed – semper – si – sic – solere – statim – subito – tam – turba – uxor – venia – vituperare tantum ....

fortis ....

unde ....

iubere ....

committere ....

defendere ....

perterrere ....

proelium ....

turpis ....

inde ....

1 Frage – Antwort

ubi? .... ibi ....

unde? .... inde ....

cur? .... itaque ....

2 Stück für Stück

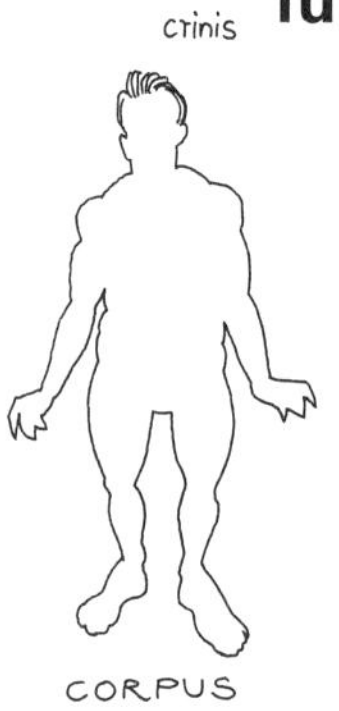

3

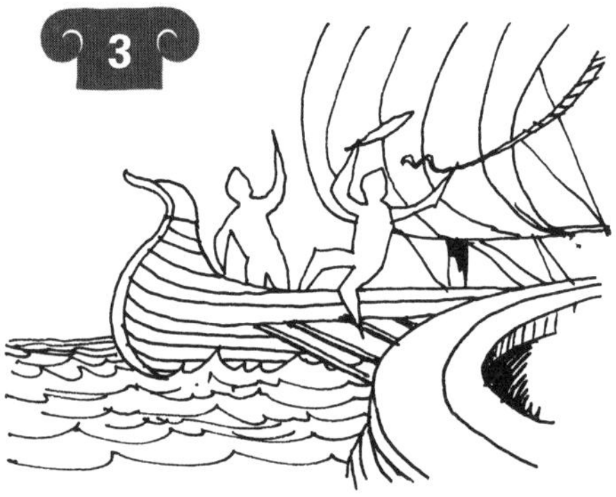

nauta, pirata, navis, navigare

4 Stammformen

dispono	....	....	....	....
....	commisi	....	....	....
....	....	emptum	....	....
....	....	....	iubere	....
....	....	....	....	verteidigen, abwehren

5

6 Immer schlimmer!

vituperare ....

coercere ....

punire ....

caedere ....

7 In einen Topf

.... – evadere | *e*..................... – ....

.... – *n*..................... | occidere – ....

.... – modo | *t*..................... – ....

.... – *p*..................... | pugna – ....

8 Eigenschaften

tardus
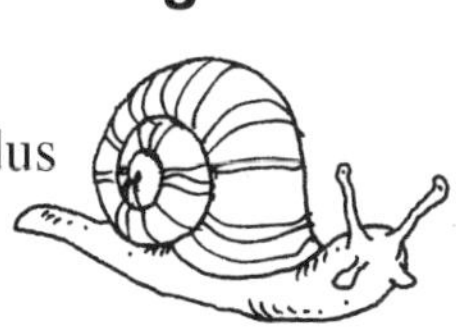
celer
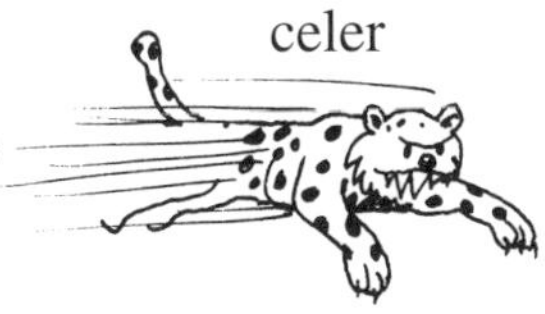
durus
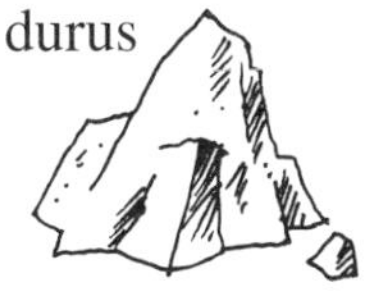
fortis

turpis

9 Rätsel

Trage eine deutsche Bedeutung ein, ordne die grau unterlegten Buchstaben und du erhältst eine Eigenschaft.

nuper											
emere											
vehemens											
defendere											
clemens											
tantum											

10 Gekoppelt hält doppelt

proelium committere

....

e carcere effugere

....

clementer consulere in captivos

....

11 Mehr oder weniger

Kreuze an, was auf dich zutrifft.

	semper	saepe	interdum	numquam
Libros lego.				
Per silvam ambulo.				
Cum amicis ludo.				
Fortis sum.				
Cuncta scio.				

12

☹ maestus ....

tristis ....

flere ....

☺ laetus ....

ridere ....

gaudere ....

13 Ein Buchstabe – große Veränderung

Setze von den Buchstaben f, m, n, r einen davor und gib die Bedeutungen an.

umquam .... __ umquam ....

ille .... __ ille ....

ex .... __ ex ....

lumen .... __ lumen ....

14 Zusammenhang

ceteri ....

ceterum ....

nex ....

necare ....

adiuvare – agere – animus – brevis – causa – certe – civitas – cogitare – credere – cum – dolere – facere – igitur – ignorare – inimicus – movere – omnis – parare – pars – parvus – perturbare – pulcher – putare – quam – recipere – salus – scelus – sinere – superesse – tamen – tempus – tum – uxor – valde – valere – vir

22

cupiditas ....

spatium ....

labor ....

sentire ....

sententia ....

oportet ....

ratio ....

senectus ....

modus ....

praeter ....

1 Doppeldeutig

sine me < .... / ....

2

praeter → ....

adversus → [ ]

3 Nahe Verwandte

....	– sollicitare	s........................	–	....
....	– l........................	labor	–	....
....	– sentire	s........................	–	....
....	– p........................	poena	–	....
....	– cupidus	c........................	–	....
....	– m........................	mors	–	....
....	– crudelis	c........................	–	....

4 Stammformen

misceo	....	....	....	....
....	sivi	....	....	....
....	....	sensum	....	....
....	....	....	effugere	....
....	....	....	....	sagen, sprechen, nennen

5 plus -que

ita .... ubi .... at .... non ....

itaque .... ubique .... atque .... neque ....

6 In einen Topf

.... – nefas		*in*........................	– ....
.... – *per*........................		miscere	– ....
.... – ita		*t*........................	– ....

7

spatium
- ....
- ....

8 Mit allen Sinnen

9 Gekoppelt hält doppelt

nullo modo ....

odio moveri ....

Miseros a nobis adiuvari oportet. ....

in sententia perseverare ....

10 Sil-ben-rät-sel

Bilde aus den Silben sieben lateinisch-deutsche Paare.

Al - be - ci - cul - dam - de - e - end - ge - gen - hi - las - li - lich - lust - mum - nec - num - nunft - o - pa - qui - ra - re - ru - Schuld - se - sen - sol - ta - ter - tio - tus - tus - un - Ver - Ver

11

atque/ac – admonere – altus – apud – atrox – constans – crudelis – deinde – dolere – fortasse – iam – inquit – interficere – ipse – licet – locus – ne … quidem – negare – nex – numquam – occidere – odium – parere – pars – postea – praeterea – princeps – saepe – sed – sic – solere – sperare – turpis – ut – vehemens – voluntas facilis ....

caput ....

deesse ....

manus ....

adducere ....

gratia ....

facultas ....

metus ....

permovere ....

contra ....

impetrare ....

1

manus

2 Hauptsache bequem

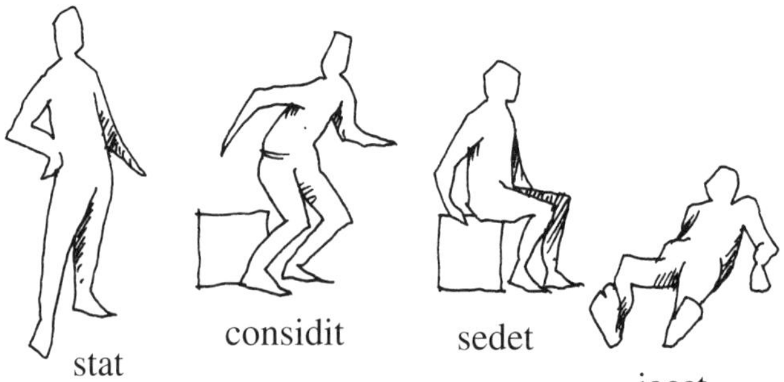

3 In einen Topf

.... – metus | *t*........................ – ....

.... – *a*........................ | templum – ....

.... – obtemperare | *p*........................ – ....

.... – *i*........................ | adversarius – ....

4 Gekoppelt hält doppelt

his verbis commotus ....

his causis adductus ....

facultas fugae ....

Vires mihi defuerunt. ....

Id a me impetrare non potes. ....

Meum propositum est multa discere. ....

....

5 Latein im Deutschen

pro und contra sprechen ....

etwas publik machen ....

6 Stück für Stück

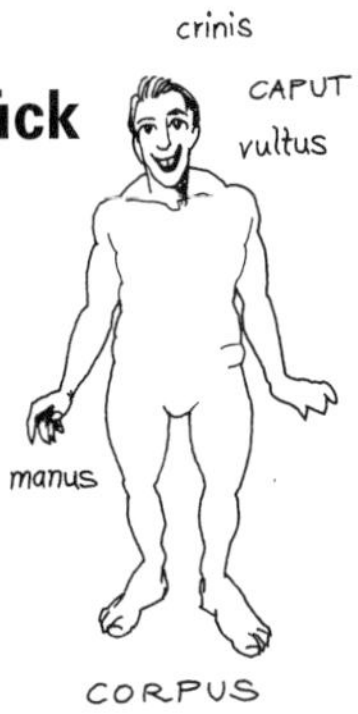

7 O Schreck!

Die Bedeutung von terror und horror kannst du erschließen.

timere .... timor ....

terrere .... terror ....

horrere .... horror ....

8 Stammformen

adduco	....	....	....	....
....	abieci	....	....	....
....	....	agnitum	....	....
....	....	....	deesse	....
....	....	....	....	heftig bewegen

9 Kleiner Unterschied

10

11

lectus

12 Zusammenhang

adversus ....
adversarius ....

spectare ....
aspectus ....

facilis ....
facultas ....

cognoscere ....
agnoscere ....

esse ....
adesse ....
deesse ....

constare ....
constantia ....
constans ....

terrere ....
deterrere ....

13 Chemisch

Fe ← _ _ _ _ _ _ – ....

audacia – auxilium – castra – classis – comes – cum – cupiditas – diu – ducere – enim – evadere – exercitus – exspectare – gloria – ingens – mors – movere – necare – occupare – perterrere – post – postquam – praeda – proelium – quam – quoque – recipere – regnum – relinquere – salus – tantus – tenere – trahere – tribuere – umquam celeritas ....

premere ....

priusquam ....

obsidere ....

conficere ....

quidam ....

dedere ....

iter ....

parum ....

laus ....

1 Im Gegenteil

.... – conscendere ↔ *d*.......... – ....

.... – *p*.......... ↔ priusquam – ....

2 Erledigt?

bellum — conficere — iter

proelium — conficere — libros

hostem — conficere

3 Stück für Stück

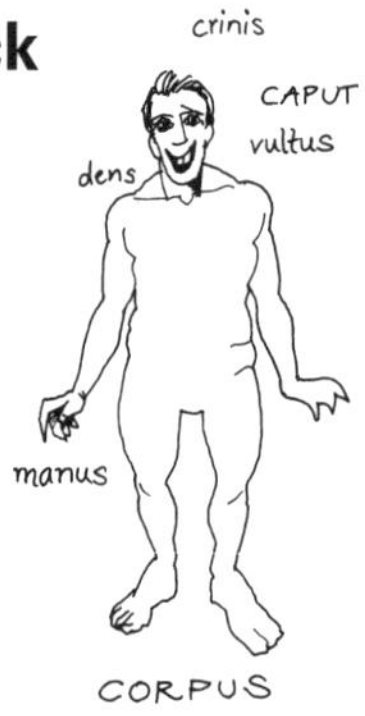

4 Stammformen

premo	....	....	....	....
....	dedidi	....	....	....
....	....	traiectum	....	....
....	....	....	conficere	....
....	....	....	....	fallen

5 Gekoppelt hält doppelt

incredibili celeritate ....

iter periculosum ....

de natura deorum disputare ....

summa cum laude ....

flumen traicere ....

Victi se dediderunt. ....

6

supplex

7 Nicht zu verwechseln

Hostes milites Romanos fugaverunt.

....

Milites Romani hostes fugerunt.

....

8 Kreuz und quer

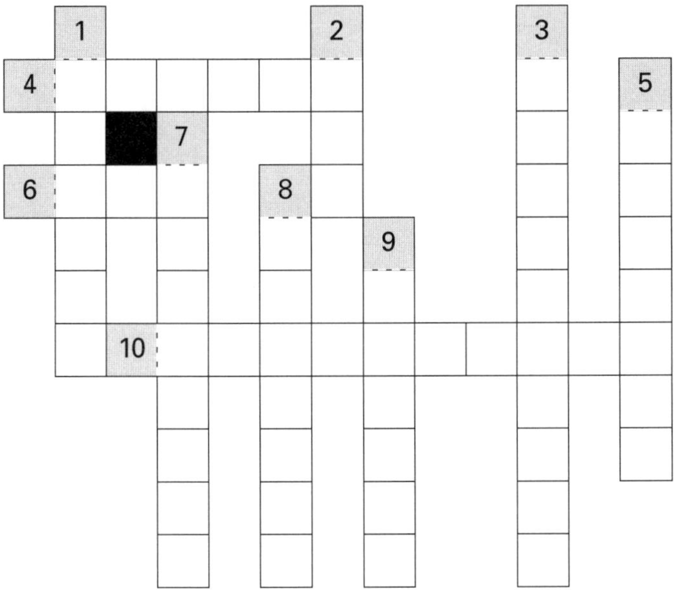

Trage die bzw. eine deutsche Bedeutung ein.
1 cadere – 2 priusquam – 3 premere – 4 classis – 5 admiratio – 6 laus – 7 obsidere – 8 habitus – 9 hiems – 10 dedere

9

hiems

10 Glaubenssachen

Ordne die Begriffe im Kasten den Erklärungen a) – k) zu.

a) Ort, an dem Menschen den Willen der Götter erfragten: ....

b) unabänderliche Ordnung, die nicht einmal die Götter aufheben können: ....

c) Lebenslage, die vom Glück abhängt: ....

d) unsterbliches Wesen: ....

e) teilte den Menschen den Willen der Götter mit: ....

f) das religiöse Gefühl, die Verehrung der Götter: ....

g) stand vor Tempeln: ....

h) gutes oder schlechtes Zeichen, das gedeutet werden musste: ....

i) das einem Menschen zufallende Los: ....

k) verrichtete die heiligen Handlungen: ....

omen – fortuna – vates – religio – deus – oraculum – sors – fatum – sacerdos – ara

11 So war Cäsar – oder nicht?

Bei richtiger Lösung ergeben die Buchstaben – von unten nach oben und rückwärts gelesen – einen Lösungsspruch.

	stimmt	stimmt nicht
a) Salutem militum parum respexit.	SER	TIC
b) Magna audacia fuit.	I	E
c) Saepe metu ominum deterritus est.	SNE	VTI
d) Salus militum ei magnae curae erat.	D	R
e) Omnia incredibili celeritate confecit.	IVT	AMU
f) Fortuna ei non favit.	T	I
g) Civibus suis magnae admirationi fuit.	NEV	LUI

accedere – acer – adeo – aeternus – agere – alius – ante – celer – credere – curare – interdum – interficere – itaque – modo – ne … quidem – nisi – num – pars – pauci – paulum – procul – quamquam – quo – quoque – scire – sed – semper – sinere – tam – tamen – tempus – turpis – ubique – ut – vix

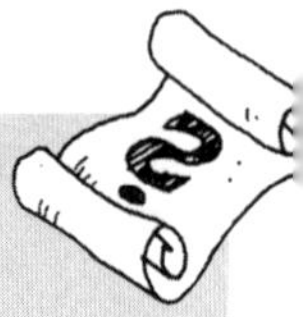

dies ……… ripa ………

ire ……… quam ………

omnino ……… ……… eo ……… ………

res ……… ……… ……… ………

abesse ……… ……… ………

fides ……… ……… ………

meminisse ……… ………

1 Im Gegenteil

………	– adesse	↔	a………	– ………
………	– a………	↔	odisse	– ………
………	– novisse	↔	i………	– ………
………	– s………	↔	ire	– ………

2 Stammformen

respicio	………	………	………	………
………	obsedi	………	………	………
………	………	conscensum	………	………
………	………	………	abesse	………
………	………	………	………	glauben, anvertrauen

3 Na klar!

Tenesne verba Davi memoria? ………

Davi verborum memini. ………

Estne tibi notus ille Lucius? ………

Certe Lucium novi. ………

Estne tibi odio Aulus? ………

Aulum odi. ………

4

cantare

5

flumen – ripa

6

dulcis

7 Gekoppelt hält doppelt

Qualis dominus, talis servus. ....

Quot homines, tot sententiae. ....

res severa ....

Ego aliis rebus delector quam tu. ....

8 Stück für Stück

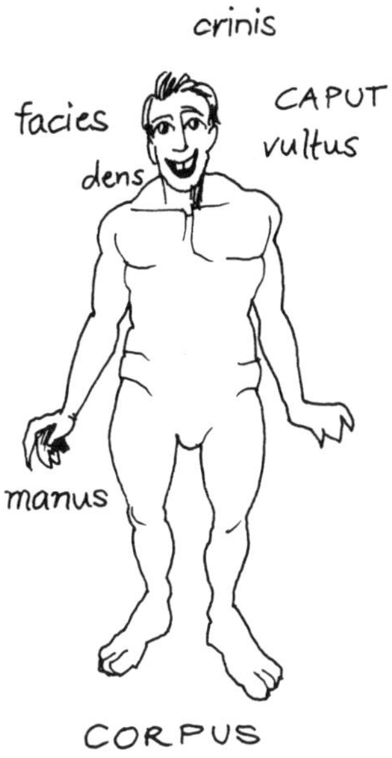

9 Durchgerüttelt

Bringe die Buchstaben in die richtige Reihenfolge und trage die Wörter ein. Ein durchgerütteltes Wort bleibt übrig. Wie lautet seine deutsche Bedeutung?

imsin – praeto – neibretl – rexeva – resvu – tedce

gern – .... es gehört sich – ....

allzu sehr – .... trinken – ....

quälen – .... – ....

10 Ab!

vino abstinere

abire

abicere

11 Viel Zeit

Ordne die Begriffe im Kasten den Erklärungen a) – f) zu.

annus
dies
hodie
hora
spatium
tempus
quotannis

a) zwischen gestern und morgen: ....

b) 12 Monate: ....

c) Zeit im Allgemeinen: ....

d) 1/24 Tag: ....

e) alle Jahre wieder: ....

f) 24 Stunden: ....

g) Zeitraum zwischen zwei Ereignissen: ....

12 Sein oder …

ab – esse ....

ad – esse ....

de – esse ....

super – esse ....

13

14 Zusammenhang

memoria ....

meminisse ....

omnis ....

omnino ....

altus – amittere – ara – at – atrox – aut … aut – autem – cadere – condere – convenire – dum – etiam – fere – firmus – fortis – iam – ingens – iuvat – lux – neque – patere – periculum – placet – postea – propinquus – pugnare – putare – quaerere – recipere – si – sic – sine – solere – sors – ubi – vincere exire .... ignis ....

longus .... pes ....

complures .... arma ....

caedes .... quam ....

adire ....

maximus ....

redire ....

1 Cave canem

2 **Nur Plural**
Schreibe drei Wörter auf, die im Lateinischen nur im Plural vorkommen:

a _ _ _ ....

c _ _ _ _ _ ....

d _ _ _ _ _ _ _ ....

3 **Stück für Stück**

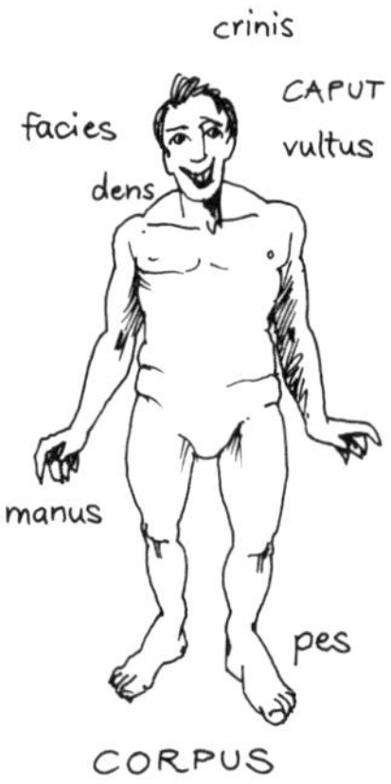

4 **Bleib in Verbindung**

tenere		habere
	iter	
facere		conficere

5 **Kommt drauf an**

	q	celerrime
celerius	u	
	a	
nihil aliud	m	

6 **Eigenschaften**

severus

ferox

immanis

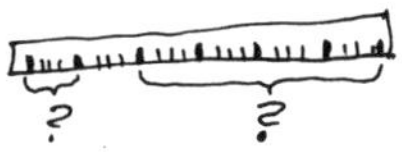
longus – brevis

maximus

7 **Stammformen**

rapio	....	....	....	....
....	fefelli	....	....	....
....	....	exstructum	....	....
....	....	....	transire	....
....	....	....	....	aufdecken, entdecken

8 **Zum Angriff!**
Schreibe drei Verben auf, die „angreifen" bedeuten.

p _ _ _ _ _ a _ _ _ _ t _ _ _ _ _ _ _

9

ignis

10 Geht's?

Schreibe zu den Zeichnungen a) – g) das jeweils passende Kompositum von ire:

adire – exire – inire – inire – obire – redire – subire – transire.

a)

d)

amicam

b)

e)

consilium

g)

f)

mortem

c)

periculum

11

12 Wie viele?

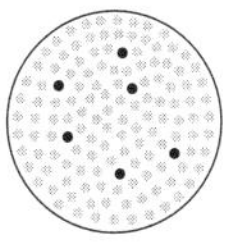

pauci ....

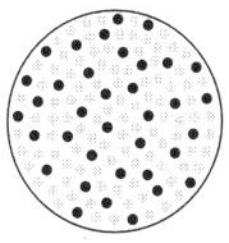

complures ....

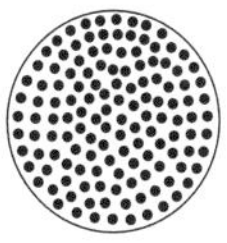

cuncti ....

13 Zusammenhang

detegere .... tectum	diripere .... rapere	caedere .... caedes ....
		pedes .... pes ....

14 Anders gesagt

fraudem adhibere: *f* _ _ _ _ _ _

pedibus per silvam ire: *a* _ _ _ _ _ _ _

desertus: *v* _ _ _ _ _

abundare – accedere – adiuvare – arcere – atque – capere – conciliare – dolus – dubitare – ducere – finis – gens – iniuria – inquit – interficere – ira – itaque – mittere – movere – munus – nuntius – omnis – orbis terrarum – paulum – perturbare – praeter – reddere – rex – sed – tamen – tum – vis

imperare ....
promittere ....
munus ....
iudicare ....
beneficium ....
praemium ....
accipere ....

potens ....
praestat ....
medium ....
ops ....
sapiens ....

1 Nahe Verwandte

.... – iudicare *i* .... – ....
.... – aureus *a* .... – ....
.... – sapiens *s* .... – ....

2 … und ganze Familien

imperator ....
imperium ....
imperare ....

rex, regina ....
regnum ....
regnare ....
regere ....

3 Singular ist nicht gleich Plural

ops .... ; ....
aedis .... ; ....
copia .... ; ....
bonum .... ; ....
littera .... ; ....
mos .... ; ....
vis .... ; ....

4 Vieldeutig: accipere

pecuniam – accipere – ....
hospitem – accipere – ....
verba – accipere – ....

5 Die richtige Reihenfolge

primo .... deïnde .... tum .... postremo ....

6

dare

accipere

7 Gemeinsamkeiten

munus:

1. .... ≈ magistratus
2. .... ≈ officium
3. .... ≈ donum

vindicare:

1. .... ≈ liberare
2. .... ≈ punire
3. ....

8

adulescens

9 Rätsel

Trage eine deutsche Bedeutung ein:

1 forma
2 potens
3 pernicies
4 quondam
5 beneficium
6 invitare
7 praemium
8 medium

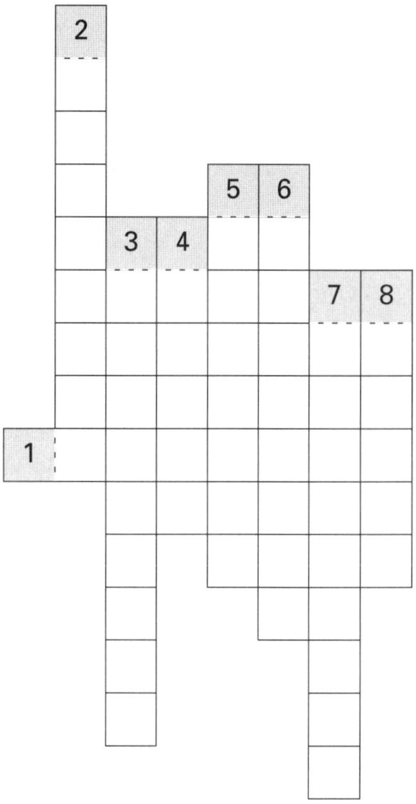

10 Wie unpersönlich!

contingi / praesta / dece — t — es —

....

....

....

11 Stammformen

rego	....	....	....	....
....	contigi	....	....	....
....	....	spretum	....	....
....	....	....	accipere	....
....	....	....	....	versprechen

12 In einen Topf

....	– spondere	*p*....................................	– ....
....	– *t*....................................	tum	– ....
....	– femina	*m*....................................	– ....
....	– *i*....................................	porta	– ....
....	– ops	*v*....................................	– ....

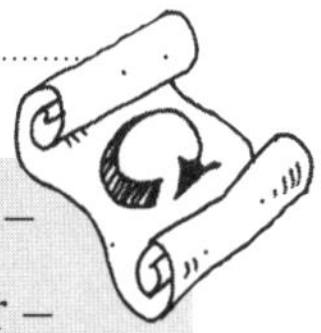

amittere – animus – appropinquare – cantare – causa – convenire – decernere – deliberare – descendere – dulcis – evadere – exspectare – iterum – lux – mortalis – negare – nisi – priusquam – profecto – pulcher – putare – recipere – saxum – situs – sors – statim – supplex – talis – uxor – vexare – vincire primum ....

nox ....

condicio ....

aqua ....

flectere ....

contendere ....

peragere ....

vulnus ....

humanus ....

propter ....

clementia ....

1 Männlich

Markiere die Substantive, die eine männliche Person bezeichnen.
Schreibe über alle Wörter die deutsche Bedeutung.

vates – custos – litus – femina – nauta – plebeius – lectus –

princeps – captivus – vulnus – poeta – matrona – senectus –

sacerdos – pirata – mundus – hospes – servus – lex – eques

2

avis

3 Im Gegenteil

.... – invitus ↔ l.......... – ....

.... – dies ↔ n.......... – ....

.... – c.......... ↔ crudelitas – ....

4 Vieldeutig: contendere

omnes vires / cum hostibus / hoc / Romam → contendere → .... / .... / .... / ....

5

ardere

6 Nahe Verwandte

.... – gratia ⌂ g.......... – ....

.... – clementia ⌂ c.......... – ....

.... – homo ⌂ h.......... – ....

.... – v.......... ⌂ vulnerare – ....

.... – g.......... ⌂ gignere – ....

.... – v.......... ⌂ valere – ....

7 Stammformen

carpo				
	peregi			
		volutum		
			contendere	
				brennen, glühen

8 Gekoppelt hält doppelt

genus humanum ……

condiciones accipere ……

saxum volvere ……

viam flectere ……

vitam peragere ……

preces audire ……

numina mundi sub terra siti ……

Eurydica propter vulnus tardius iit. ……

9 Wie traurig …

flere,
maestus, tristis,
lacrima

10 Lucius hat die Nase vorne

Lucius primus, tum Marcus venit. ……

Primo Lucius venit, postea Marcus. ……

Marcus primum Carthaginem venit, Lucius saepius ibi fuit. ……

……

……

13 Stück für Stück

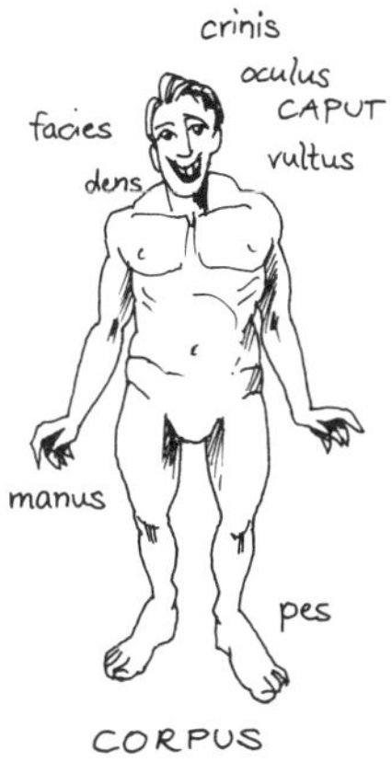

11 Bedingungen

si ……

sin ……

ni**si** ……

12

captare

14

carpere

adire – affirmare – alter – anima – appellare – beatus – caedere – cavere – certus – ceteri – civitas – credere – diu – ferox – haud – invenire – itaque – liberare – moenia – mons – necare – observare – ponere – praecipitare – procul – prodere – promittere – reddere – solere – stupere – uxorem ducere

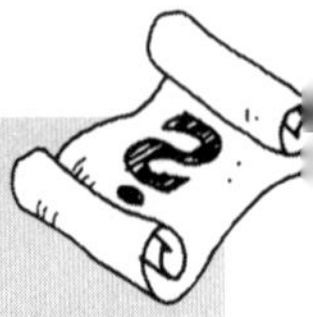

sol ....

conspicere ....

gravis ....

neve ....

calamitas ....

occidere ....

constituere ....

fortitudo ....

nondum ....

senex ....

solum ....

1 Zusammenhang

fortis	....
fortitudo	....

ignorare	....
ignarus	....

solus	....
solum	....

terrere	....
terror	....
terribilis	....

via	....
obvius	....
obviam	....

aspicere	....
respicere	....
conspicere	....

2 Stammformen

occido	....	....	....	....
....	constitui	....	....	....
....	....	solutum	....	....
....	....	....	invidere	....
....	....	....	....	erblicken

3 In einen Topf

modo ....

tantum ....

solum ....

statuere ....

constituere ....

4

adhuc

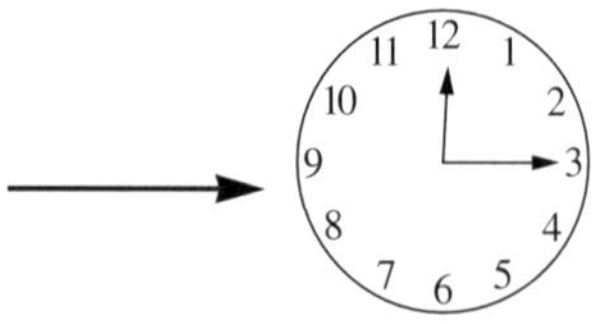

5 Gekoppelt hält doppelt

scelus committere ....

obviam ire ....

Fuit aliquando rex … ....

gravi morbo laborare ....

Sphinx erat mirum monstrum. ....

6

gravis

7 Alles Nichts

nihil ....

nemo ....

neque ....

neve ....

nisi ....

nondum ....

8 Altersgrenzen

9 Tat er's oder tat er's nicht?

Was trifft auf Ödipus zu? Bei richtiger Lösung ergeben die Buchstaben – von oben nach unten gelesen – ein Lösungswort.

	stimmt	stimmt nicht
1. Aequalibus invidit.	H	D
2. Periboeam de origine sua rogavit.	E	O
3. Verbis oraculi territus Corinthum vitavit.	L	S
4. Carmen Sphingis non solvit.	E	P
5. Sphingem uxorem duxit.	E	H
6. Auctorem calamitatis invenit.	I	T

10

sol

meridie

occidit

vesperi

11

invidere

avis – capere – cedere – cognoscere – comparare – comprehendere – contingere – custos – disponere – dolere – dux – frustra – honor – iam – lumen – magis – mortuus – parere – peragere – perturbare – praeterea – privare – prodere – propinquus – quidam – quoque – sero – servare – tamen – tollere – tradere – turpis dolor ……………… resistere ………………

audere ……………… uterque ……………… ………………

apertus ……………… ……………… spes ……………… ………………

impedire ……………… ……………… ………………

convocare ……………… ………………

custodire ……………… ………………

deducere ……………… ………………

1 Zusammenhang

vivere ………………
vivus ………………

dolere ………………
dolor ………………

nox ………………
noctu ………………

petere ………………
expetere ………………
repetere ………………

custos ………………
custodire ………………

sumere ………………
absumere ………………

2 Stammformen

resisto	………	………	………	………
………	texi	………	………	………
………	………	apertum	………	………
………	………	………	repetere	………
………	………	………	………	hinführen, wegführen

3

con-
vocare

con-
venire

4 Im Gegenteil

.... – vivus ↔ *m*.......................... – ....

.... – *c*.......................... ↔ aperire – ....

.... – humus ↔ *c*.......................... – ....

5 Gekoppelt hält doppelt

spe deceptus ....

custodibus dispositis ....

nihil audere ....

6 Antigones Taten

Was trifft auf Antigone zu? Bei richtiger Antwort ergeben die Buchstaben – von unten nach oben gelesen – ein Lösungswort.

		stimmt	stimmt nicht
1.	Prohibuit fratres inter se certare.	O	S
2.	Patrem Thebis deduxit.	U	E
3.	Fratrem mortuum humo tegere studuit.	P	R
4.	Corpus fratris canibus proici iussit.	C	I
5.	Praecepta Creontis contempsit.	D	X
6.	Praeceptis Creontis non restitit.	A	E
7.	Impedivit, ne Haemon vivus sepeliretur.	R	O

7

acer – aedis – altus – apparere – ars – audacia – audere – aureus – beatus – committere – copia – cupere – delectare – ducere – enim – fortitudo – gladius – igitur – imminere – iniustus – iudicare – lectus – licet – opprimere – parvus – pernicies – potens – reddere – salus – satis – tantus – temptare

collocare .... | magnitudo ....
demonstrare .... | quoniam ....
ingenium .... | idem ....
consistere ....
barbarus ....
quidem ....
verba facere ....

1 SubstanTUDO

Substantive auf -tudo bezeichnen einen Zustand oder eine Eigenschaft. Trage zu den angegebenen Adjektiven bzw. Verben die dir bekannten Substantive auf -tudo und ihre deutsche Bedeutung ein.

	Substantive auf -tudo	deutsche Bedeutung
multus		
fortis		
magnus		
pulcher		
valere		
sollicitare		

2 Zusammenhang

servus ....
servitus ....

memoria ....
commemorare ....

dominus ....
dominatus ....

dives ....
divitiae ....

potens ....
potentia ....

3 Verbwahl

Nur eine der angebotenen Verbformen passt. Unterstreiche sie und übersetze den Satz.

Sole occidente Oedipus mirum monstrum commemoravit / demonstravit / collocavit / aspexit / porrexit.

....

4 Gekoppelt hält doppelt

Necesse est cibos sumi ab hominibus. ....

in sermone commemorare ....

5 Zu Gast bei Dionysius

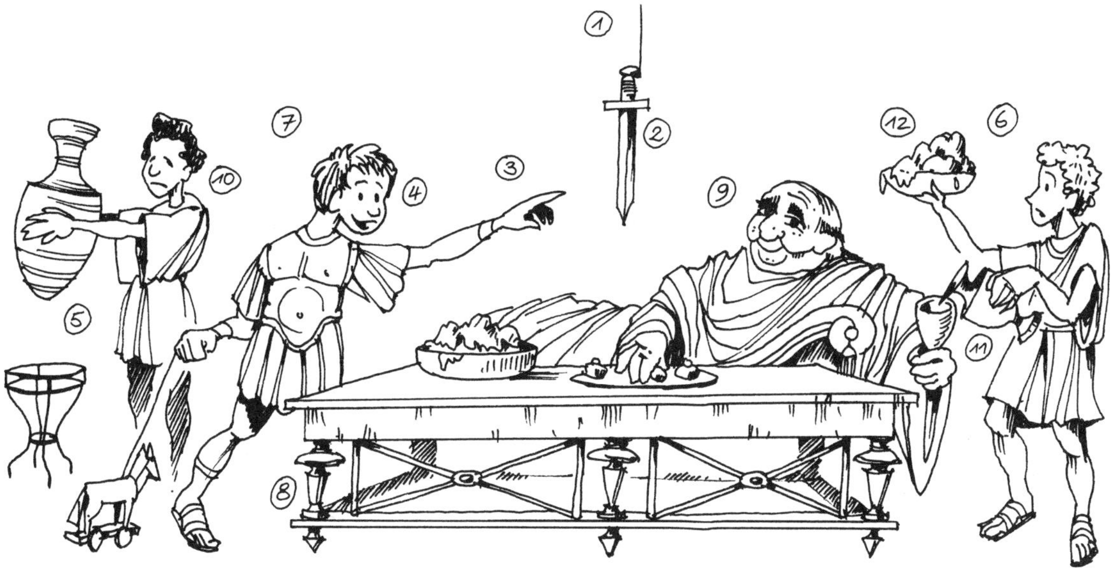

Trage in die leeren Kreise die entsprechenden Zahlen ein.

◯ gladius ◯ cibus ◯ aspicere ◯ porrigere ◯ mensa ◯ consistere ◯ ministrare
◯ demonstrare ◯ servus ◯ dominus ◯ pendere ◯ collocare

6 So war Dionysius – oder nicht?

Streiche weg, was auf Dionysius (nach Lektionstext 31) nicht zutrifft, und schreibe für das Ausgewählte die deutschen Bedeutungen dazu.

Dionysius fuit vir …

… miser – … incredibili industria – … summa pulchritudine –

… divitissimus – … eximia forma – … iustus – … acri ingenio

7

bestia fera

8 Stammformen

aspicio	....	....	....	....
....	constiti	....	....	....
....	....	pulsum	....	....
....	....	....	porrigere	....
....	....	....	....	(herab)hängen

ac – apparere – arcere – civitas – cupere – dubitare – enim – firmus – genus – gens – imminere – idem – imperium – invidere – ita – libertas – licet – meminisse – ne … quidem – nisi – obviam – ops – origo – parere – patere – pauci – petere – premere – putare – res – scire – subire – subito – tamen – tantum – virtus – vix

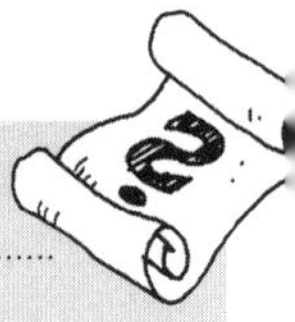

aetas ....

gerere ....

expellere ....

existimare ....

iucundus ....

res publica ....

propterea, quod ....

aliquis ....

ullus ....

plerumque ....

quisquam ....

peregrinus ....

1 Familientreffen

Hefte in dieses Arbeitsheft ein liniertes Blatt, damit du viele Wortfamilien zusammenstellen kannst. Trage darauf nach unten stehendem Muster die Mitglieder der Wortfamilien, die dir in den grau unterlegten Kästchen angegeben werden, und die deutschen Bedeutungen ein.

popularis; populus; (-) | (-); dictum, dictator; dicere | facilis; factum, facies, facultas, (+); facere

Die drei Wortarten Adjektiv – Substantiv – Verb sind durch Strichpunkt voneinander getrennt.
(-) bedeutet: Ein weiteres Familienmitglied dieser Wortart wird nicht auftreten.
(+) bedeutet: Später kommt noch ein weiteres Familienmitglied hinzu; lass also Platz dafür.

Adjektiv	Substantiv	Verb
popularis	populus	
	Volk; Publikum	
	dictum	dicere, dico, dixi, dictum
	dictator	
facilis	factum	facere
	usw.	

2 Verboten

vetare
....

prohibere
....

impedire
....

arcere
....

3 Gemeinsamkeiten

existimare bedeutet:

1. ....
2. ≈ iudicare ....
3. ≈ putare ....

4 spec-spic-blick

spectare ....

spectaculum ....

exspectare ....

aspectus ....

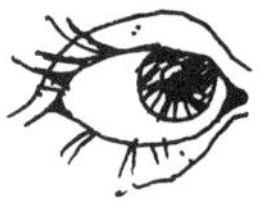

aspicere ....

conspicere ....

inspicere ....

respicere ....

suspicere ....

5 Verbwahl

Antigona fratrem mortuum humo texit, quamquam id ipsum Creon suspexerat / addiderat / desideraverat / haeserat / vetuerat.

....

6 Ja, so war's – oder nicht?

Welche der folgenden Aussagen trifft – laut der Rede des Perikles – auf die attische Demokratie zu? Bei richtiger Wahl ergeben die Buchstaben – von unten nach oben gelesen – ein Lösungswort.

		stimmt	stimmt nicht
1.	Omnibus civibus eadem iura sunt.	S	L
2.	Peregrini ex urbe expelluntur.	K	O
3.	Nemo ab aliqua disciplina arcetur.	M	R
4.	Res a paucis geruntur.	I	E
5.	Plerumque hostes victoriam pariunt.	P	D

7

prosit

8

haerere

9 Gekoppelt hält doppelt

aetate imperatoris Augusti ....

bellum gerere ....

rem publicam gerere ....

sine ulla spe ....

10 Begründungen

Markiere die sechs Konjunktionen, die eine Begründung angeben können, rot.

vix – quod – quidem – deinde – quoniam – primum – cum – quia – nisi – praesertim cum – nondum – propterea quod – postquam

11 -o, kein Verb!

Übersetze:

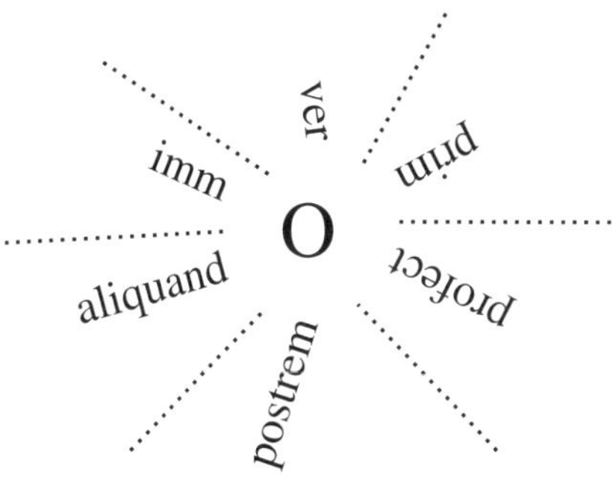

12 Stammformen

gero	....	....	....	....
....	expuli	....	....	....
....	....	suspectum	....	....
....	....	....	haerere	....
....	....	....	....	hinzufügen

abducere – abire – adiuvare – adulescens – aedis – caedere – captare – custos – dare – decus – donum – effugere – exire – fingere – hic – liberare – manus – miles – mulier – narrare – nobilis – omnino – opus est – paulum – promittere – propter – quaerere – reddere – senex – si – silentium – solum – umquam – vexare parentes ....

maiores ....

videri ....

dignus ....

praebere ....

persuadere ....

res gestae ....

malle ....

antea ....

abdere ....

amicitia ....

iste ....

1 Familientreffen

Trage in deine Tabelle die Mitglieder folgender Wortfamilien ein:

(ergänze zu facere:) facinus

humanus; homo, humanitas; (-)

liber, (+); libertas, liberalitas, (+); liberare

(-); promissum; promittere

(-); parentes; parere

2 Stück für Stück

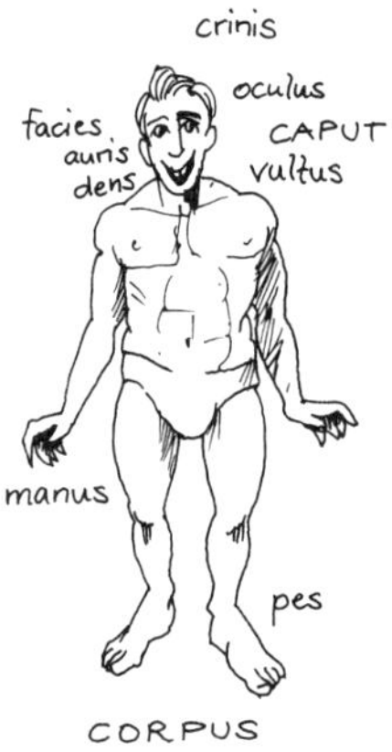

3 Im Gegenteil

.... – falsus ↔ v.......... – ....

.... – s.......... ↔ prudens – ....

.... – antea ↔ p.......... – ....

.... – v.......... ↔ nolle – ....

4 Mach' mal

Suche treffende Übersetzungen für die Verbindungen:

.... amicitiam — facere — ludos ....

.... verba — facere — pacem ....

.... exemplum — facere — promissum ....

.... impetum — facere — sacrificium ....

.... iter — facere — silentium ....

5 Verbwahl

Orpheus Plutoni et Proserpinae profuit / praebuit / persuasit / prodidit, ut sibi uxorem redderent.

....

6 Quo?

7 Vieldeutig: facinus

facinus — pulcherrimum ....

facinus — turpissimum ....

8 Gekoppelt hält doppelt

mos maiorum ....

magnas divitias possidere ....

se clementem praebere ....

amico aures praebere ....

Amicus mihi persuasit, ut venirem. ....

Verba huius hominis ficta et falsa sunt. ....

Servus fugiens in silvam se abdidit. ....

9 SubstanTAS

Substantive auf -tas bezeichnen meistens etwas Abstraktes. Gib die deutschen Bedeutungen an und ergänze entsprechend die dir bekannten Substantive auf -tas zu den angegebenen Wörtern.

	Substantive auf -tas	deutsche Bedeutung
	calamitas	
	voluptas	
	maiestas	
	liberalitas	
liber		
crudelis		
facilis		
celer		
humanus		
civis		

10 Zeit

Markiere blau die sieben Wörter, die mit „Zeit" zu tun haben, und schreibe die deutschen Bedeutungen dazu.

medium – saeculum – quondam – moles – quidam – quotannis – aetas – parum – meridies – tunc – eo – antea

....

11 Stammformen

nolo	....	....	....	....
....	corrupi	....	....	....
....	....	abditum	....	....
....	....	....	persuadere	....
....	....	....	....	besitzen

accidere – adesse – alter – amittere – avus – certe – cognoscere – descendere – finire – firmus – fortasse – iniuria – iter facere – iustus – iuvenis – navis – nefas – negare – nonne – odisse – parcere – perturbare – postquam – priusquam – quidem – quietus – quoque – sapiens – servare – sors – tollere – tum – turba – vix felix ....

quicumque ....

colere ....

censere ....

pervenire ....

fama ....

convertere ....

ante ....

ergo ....

quantopere ....

1 VerneINung

Die Vorsilbe -in gibt das „negative" Gegenstück an:

.... – iustus ↔ .... – ....

.... – firmus ↔ .... – ....

.... – dignus ↔ .... – ....

.... – felix ↔ .... – ....

.... – humanus ↔ .... – ....

2 Familientreffen

Trage in deine Tabelle die Mitglieder folgender Wortfamilien ein:

(-); numerus; numerare | perniciosus; pernicies, nex; necare | quietus; (-); quiescere

3 Vor Gericht

ius ....

iustitia ....

iustus ....

facinus ....

scelus ....

crimen ....

causa ....

iudicium ....

iudicare ....

suspicere ....

accusare ....

defendere ....

4 Stammformen

colo				
	fregi			
		perventum		
			convertere	
				schätzen, meinen, der Ansicht sein

5 In einen Topf

ante (Adv.) \
antea / ……………………………

ut primum \
ubi ―――――― ……………………………
simulac/simulatque /

6

frangere

7

soll Cäsar in diesem Augenblick gerufen haben.

8

Cogito, ergo sum!

9 Latin

Welche lateinischen Vokabeln entdeckst du in den englischen Wörtern?

	lateinische Vokabel	deutsche Bedeutung
to add		
alien		
famous		
incredible		
to promise		

10 Vokabel-Kreuzung

Trage senkrecht die deutsche(n) Bedeutung(en) ein.

a l i e n u s

c o l e r e

s e c u n d u m

11 Wohin damit?

Setze die Verbformen aus dem Kasten an die passende Stelle und übersetze den Satz.

Multos Romanos mox ……………………… ……………………… ,

quod Cato ……………………… , et Carthaginem ……………………… .

………………………………………………………………

evertisse/
paenituit/
fecisse/
censuerat

acer – adeo – adversarius – admiratio – aliquando – apparere – audacia – brevis – consilium – contemnere – copia – cum – cupidus – discere – etiamsi – facilis – facultas – immo – ingenium – metus – mors – numquam – paulum – plenus – postea – properare – prudentia – quaerere – ratio – solvere – sustinere – talis – tam ferre …………… …………… ……………

opinio …………… ……………

perferre …………… ……………

referre …………… …………… ……………

oratio …………… …………… ……………

afferre …………… …………… …………… ……………

instituere …………… …………… …………… ……………

mens …………… ……………

cottidie ……………

cum ……………

rursus ……………

negotium …………… ……………

1 Wenn einer eine Rede hält …

Markiere die sechs Wörter, die zum Sachfeld ‚Rede' gehören, und schreibe die deutschen Bedeutungen dazu.

facinus – persuadere – perniciosus – censere – apparere – oratio –

disserere – pellere – nefas – suadere – frangere – eloquentia

2 In einen Topf

quamquam / quamvis > ……………

perferre / sustinere > ……………

3 Stammformen

incedo				
	composui			
		relatum		
			instituere	
				raten, zureden

4 Tragbar

Setze die Verben zu den Zeichnungen:

offerre – referre – ferre – differre – afferre – perferre – auferre

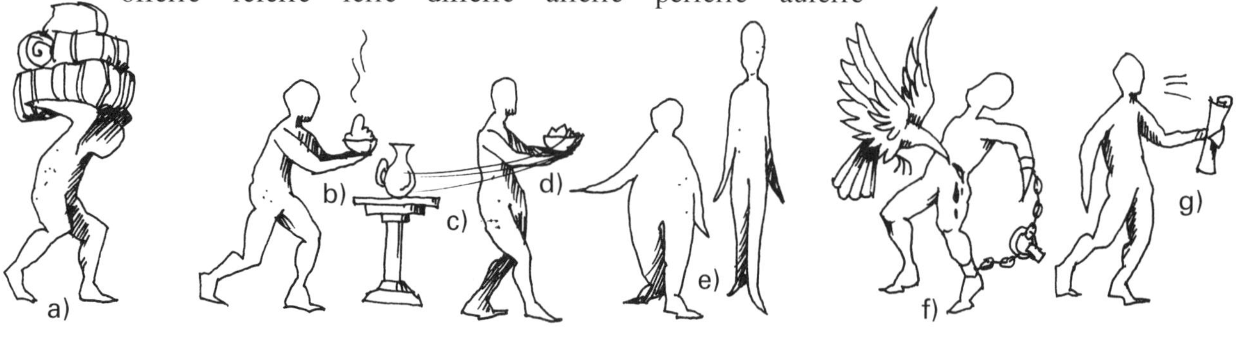

5 Zusammenhang

mens	....
meminisse	....

cedere	....
concedere	....
incedere	....

ponere	....
componere	....

suadere	....
persuadere	....

comperire	....
peritus	....

dies	....
cottidie	....

6 Verbwahl

Fratres inter se haud raro valde [of- / re- / af- / au- / dif-] ferunt. ....

7 Latein in der Grammatik

Welche dir bekannten lateinischen Vokabeln entdeckst du in den Grammatikbegriffen?

Nominativ	_ _ _ _ _ _ _ _	....
Genitiv	_ _ _ _ _ _ _	....
Dativ	_ _ _ _	....
Akkusativ	_ _ _ _ _ _ _ _	....
Ablativ	_ _ _ _ _ _ _	....
Singular	_ _ _ _ _ _ _ _ _ _	....
Possessiv-	_ _ _ _ _ _ _ _ _	....
Pronomen	_ _ _ _ _ _ _ _	....
Femininum	_ _ _ _ _ _	....
Neutrum	_ _ _ _ _ _	....
Kompositum	_ _ _ _ _ _ _ _ _	....

8 Familientreffen

Trage in deine Tabelle die Mitglieder folgender Wortfamilien ein:

vivus; vita, victus; vivere   (-); oratio; orare   (-); discipulus, disciplina; discere

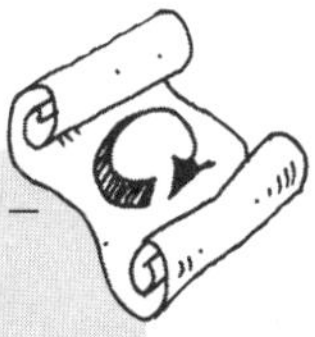

atrox – caput – cavere – comes – condere – conspicere – consulere – corpus – deinde – deserere – docere – exire – exspectare – ferrum – hortus – iactare – idem – imago – inde – intra – magistratus – nam – nox – occidere – parcere – relinquere – senex – sonare – subito – tandem – tristis – verisimilis – vituperare – vultus exercere ....

postridie ....

initium ....

pergere ....

supra ....

remittere ....

consentire ....

domus ....

quinque ....

digitus ....

similis ....

prius ....

1

vinculum

2

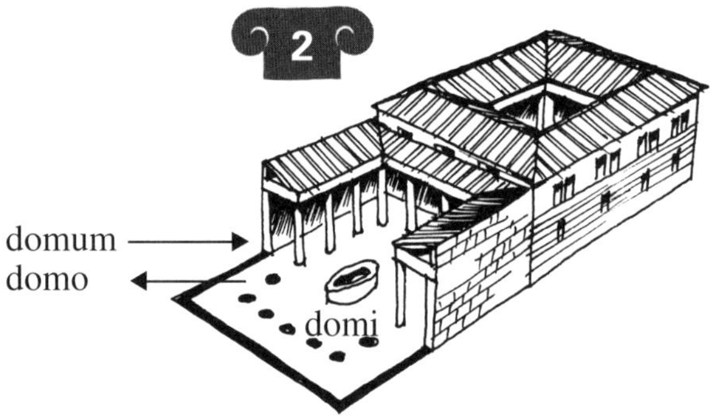

3 Stück für Stück

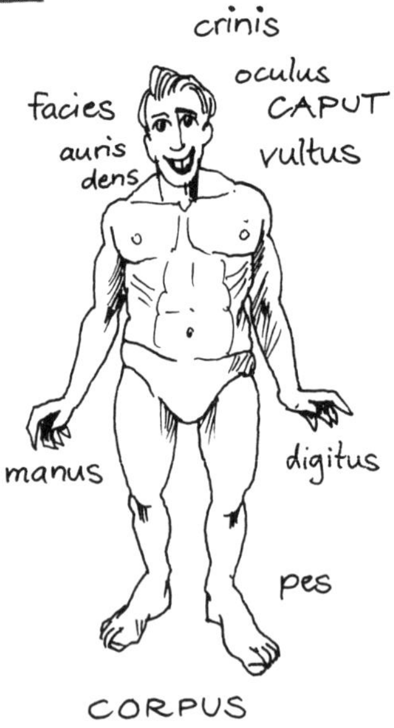

4 Zusammenhang

similis ....

verisimilis ....

dies ....

meridies ....

cottidie ....

postridie ....

5 Stammformen

advenio	....	....	....	....
....	crevi	....	....	....
....	....	remissum	....	....
....	....	....	consentire	....
....	....	....	....	aufstehen, sich erheben

6 Anders gesagt

non pergere, sed ....

non abire, sed ....

non considere, sed ....

7 Drinnen und draußen

Trage in die leeren Kreise die entsprechenden Zahlen ein.

◯ sol ◯ parentes ◯ discipulus ◯ avis ◯ mensa ◯ ianua ◯ lectus ◯ domus
◯ arbor ◯ limen ◯ somnus ◯ stilus ◯ somnium ◯ discere ◯ dormire ◯ herba
◯ sonus ◯ tabula ◯ liber

8 Familientreffen

Trage in deine Tabelle die Mitglieder folgender Wortfamilien ein:

(-); vinculum; vincire (-); initium; inire

(-); sonus; sonare (-); exercitus; exercere

9 In einen Topf

antea
prius ....

10

11 Gekoppelt hält doppelt

domus ampla ....

corpus rite condere ....

manu significare ....

Bene eveniat! ....

12 Verbwahl

Cum illud idolon (Gespenst) appareret, Athenodorus advenit/crepuit/surrexit/dormivit/ scribere perrexit.

....

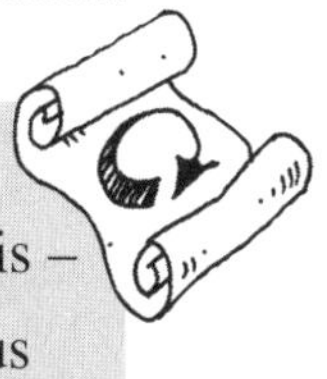

agmen – apud – ara – aspectus – caedere – causa – clades – cognoscere – colere – constat – cupidus – dolus – ducere – eques – evadere – fugere – igitur – incedere – intrare – maestus – memoria – mens – navis – occupare – offerre – praeda – procul – profecto – propinquus – sepelire – sustinere – tot – ut – vis – vulnus circumvenire .... medius ....

centurio .... causa ....

reperire .... praemittere ....

ultimus .... occasio ....

telum ....

secundus ....

probare ....

1 Die Varus-Schlacht

Treffen die Aussagen zu oder nicht? Bei richtiger Entscheidung ergeben die Buchstaben – von unten nach oben und rückwärts gelesen – ein Lösungswort.

	stimmt	stimmt nicht
1. In saltu Teutoburgiensi exercitus Romanus cladem acerbam accepit.	SU	GE
2. Nemini militum occasio fugiendi fuit.	UR	CI
3. Apud aras barbarorum centuriones occisi sunt.	NA	OB
4. In arboribus capita hominum fixa erant.	MR	UT
5. Neque aquila undevicesimae legionis neque tela fracta reperta sunt.	TE	EG

2

aquila

3 Familientreffen

Trage in deine Tabelle die Mitglieder folgender Wortfamilien ein:

cupidus; cupido, cupiditas; cupere

medius; medium; (-)

probus; (-); probare

(-); reliquiae; relinquere

4

pedibus ire

curru vehi

5 In die Reihe!

Bringe die Rangangaben in die richtige Reihenfolge.

sextus secundus ultimus primus

....

6

In einen Topf

vituperare
reprehendere
→ ....

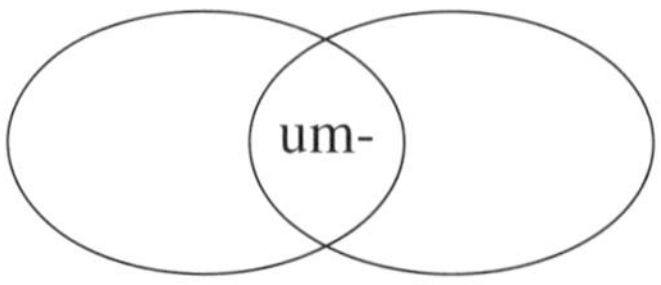

7

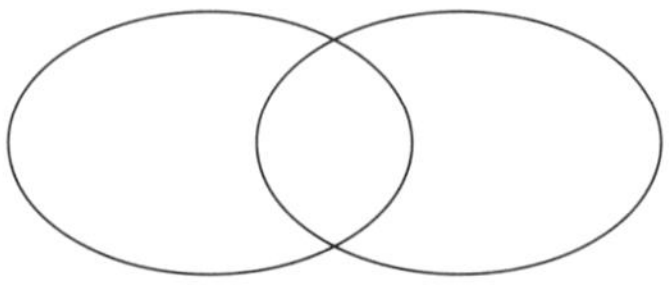

8 Natürlich!

Trage in die leeren Kreise die entsprechenden Zahlen ein.

◯ arbor ◯ sol ◯ saltus ◯ herba ◯ insula ◯ porta ◯ aquila ◯ urbs ◯ caelum ◯ lacus
◯ ager ◯ fluvius/flumen ◯ moenia ◯ ventus ◯ canis ◯ campus ◯ domus ◯ lupus ◯ mare

9 Stammformen

reperio				
	inquisivi			
		invasum		
			praemittere	
				ziehen, fahren, bringen

10 Zusammenhang

vadere	ponere ....
evadere	componere ....
invadere	imponere ....

11 Verbwahl

Gladio de tecto pendente viso Damoclem timor imposuit/invasit/circumvenit/fixit/vexit.

....

adducere – adhuc – caedes – cogitare – conciliare – contendere – delere – diu – explere – facinus – fama – ferre – gravis – iam – itaque – iubere – magis – metus – misericordia – neve – nisi – nolle – officium – opprimere – perdere – petere – prohibere – quam – solere – stare – superesse – tandem – tradere – uxor

conari ……… | pons ………
maior ……… ……… ……… | creber ……… ………
optimus ……… ……… | melior ………
hortari ……… ……… | minor ………
plurimus ……… ……… | epistula ………
morari ……… ……… | recordari ………
intellegere ……… ……… ………

1 In einen Topf

Ordne jedem Deponens ein bedeutungsähnliches Verb oder eine Wortverbindung zu und gib die deutschen Bedeutungen an.

> timere – gratias agere – monere – temptare – meminisse – suspicere – misericordia moveri – donare – dubitare

	deutsche Bedeutung			deutsche Bedeutung
vereri	………		………	………
morari	………		………	………
conari	………		………	………
largiri	………		………	………
misereri	………		………	………
recordari	………		………	………
suspicari	………		………	………
gratulari	………		………	………
hortari	………		………	………

2 Der Arme!

Curis non vacat. ………
Veste caret. ………
Cibo eget. ………
Pecunia ei opus est. ………

3 Vieldeutig: vereri

deos / hostes / dicere → vereri → ……… / ……… / ………

4 Gekoppelt hält doppelt

Romae multos dies morari ………

milites oratione hortari ………

5

pons

6 Verbwahl

Cum Paris Veneri praemium pulchritudinis dedisset,
Iuno et Minerva gratulatae / veritae / miseritae / largitae / indignatae sunt.

………

………

7 Stammformen

moror				
	praetermisi			
	miseritus sum			
			intellegere	
				versuchen

8 SubstanTOR

Substantive auf -tor (bzw. -sor) bezeichnen eine handelnde Person (‚Person' ist dabei auch im übertragenen Sinne zu verstehen); sie sind von den Partizip-Perfekt(-Passiv)-Stämmen abgeleitet. Bilde nach dem Muster Substantive auf -tor; einige gibt es im Lateinischen, andere kennst du als Fremdwörter aus dem Deutschen. Die deutsche Bedeutung kannst du umschreiben oder mit einem im Deutschen gebräuchlichen Substantiv angeben.

	Substantive auf -tor/-sor	deutsche Bedeutung
scribere, scrip-tum	scriptor	einer, der schreibt; Schriftsteller
sentire, sen-sum	sensor	einer, der fühlt
regere		
spondere		
movere		
facere		
prodere		
gratulari		
inspicere		
orare		
invadere		
detegere		
vehere		
moliri		

9 Gesteigert

Trage die fehlenden Formen ein:

	–	der Größte	↔		–	
↑	–		↔	minor	–	
magnus	–		↔		–	

	–		↔		–	der Schlechteste
melior	–		↔		–	↑
	–		↔	malus	–	

aedificare – afferre – auxilium – causa – cognoscere – cogere – consilium – constare – cupiditas – domus – exercere – expellere – fore – gloria – hospes – invidia – latus – laus – magistratus – manere – modus – neque – omnino – parare – pars – petere – post – potens – praeda – princeps – sed – tutus – victus – vitare

arbitrari ....
simul ....
concilium ....
oriri ....
studium ....
fieri ....
minuere ....

singuli ....
polliceri ....
fines ....

1 SubstanTOR

(vgl. 38,8)	Substantive auf -tor/-sor	deutsche Bedeutung
aequare		
invenire		
monere		
inquirere		
legere		
corrigere		
vincere		
suadere		
proicere		
spectare		
defendere		
trahere		

2 Fit?

Finde treffende Übersetzungen.

pons – fit – clamor
lux – fit – statua

3 Familientreffen

Trage in deine Tabelle die Mitglieder folgender Wortfamilien ein:

(-); cultura; colere
(+); studium; studere
humilis; humus; (-)
vastus; (-); vastare
solus; solitudo; (-)
aequalis (+); aequalis; aequare
(-); concilium; conciliare
(-); finis, fines; finire
(+); origo (+); oriri

4 Stammformen

orior	....	....	....
....	minui	....	....
....	pollicitus sum		....
....	....	fieri	....
....	....	....	meinen, glauben

5 Verbwahl

Tribuni plebis patribus persuaserunt,
ut leges scriptas aequarent/pollicerentur/praedicarent/minuerent/vastarent.

....

6 Im Gegenteil

.... – fas	↔	n....................	–	....
.... – i....................	↔	senectus	–	....
.... – decus	↔	d....................	–	....
.... – o....................	↔	occidere	–	....
.... – intra	↔	e....................	–	....
.... – a....................	↔	minuere	–	....

7 Bei den Germanen

Trifft die Aussage zu oder nicht? Bei richtiger Entscheidung ergeben die Buchstaben – von oben nach unten gelesen – ein Lösungswort. stimmtstimmt nicht

		stimmt	stimmt nicht
1.	Germani multis rebus a Gallis differebant.	T	C
2.	Nemo fines proprios habuit.	A	H
3.	Agri culturae studebant.	E	C
4.	Magistratus gentibus agros colendos tribuerunt.	I	S
5.	Victus eorum in carne solum constitit.	A	T
6.	Potentiores humiliores agris expellebant.	R	U
7.	Hospitem violare nefas putabant.	S	L

8

Sanctus Sancta

9 Passt zu ...

Ordne die Wörter zu, indem du eine gedankliche Verbindung herstellst, und gib die deutschen Bedeutungen an.
caro – fas – oriri – frigus – studium

....	– hiems	:	–	....
....	– discipulus	:	–	....
....	– cibus	:	–	....
....	– sol	:	–	....
....	– deus	:	–	....

10 Vokabelkreuzung

Welche Vokabeln passen?

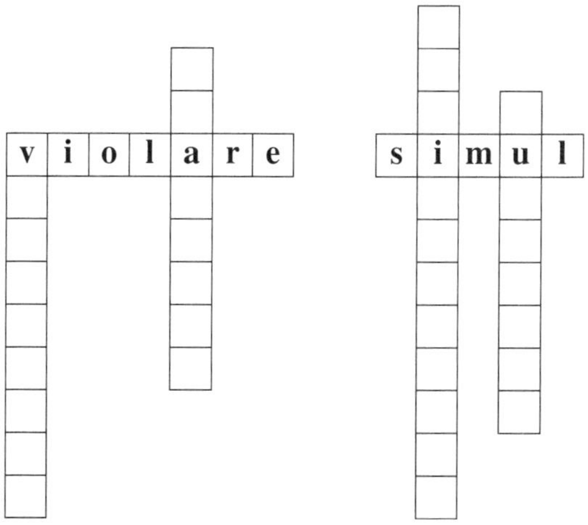

11 Alles **a**nders

alius ....

alter ....

alio ....

12

auferre – agere – ante – atque – aut – civitas – cohors – consistere – custodire – dies – dominus – eques – flumen – fortuna – frustra – heres – iacere – idemque – laetus – magister – memoria – miles – nepos – parentes – plus – postea – publicus – quam – quicumque – rapere – solvere – subscribere – vivere – votum

dimittere	liberi ....
posteri	pius ....
ob	levis ....
patronus	divus ....
restituere	reus ....
libertus	dubium ....
honestus	

1 Im Gegenteil

....	– dignus	↔	i......................	– ....
....	– l......................	↔	gravis	– ....
....	– libens	↔	i......................	– ....
....	– d......................	↔	restituere	– ....
....	– libertus	↔	s......................	– ....

2 Zusammenhang

caput ....
praeceps ....
praeciptitare ....

libenter ....
libens ....

post ....
posteri ....

rapere ....
eripere ....

statuere ....
restituere ....

3 Stammformen

praetereo	....	....	....	....
....	deieci	....	....	....
....	....	dimissum	....	....
....	....	....	eripere	....
....	....	....	....	wieder herstellen

4 Wohin damit?

Setze die Verbformen an die passende Stelle und übersetze den Satz.
restituit – victa – eripuerant – vastata

Carthagine .... et .... Scipio omnia simulacra,

quae Carthaginienses Siculis (den Sizilianern) .... , ...

....

5 Familientreffen

Trage in deine Tabelle die Mitglieder folgender Wortfamilien ein:

fidelis, (+); fides; (+) | (-); miles; militare | (+); dubium; dubitare | (-); tribus; tribuere | honestus; honos; (+)

6 Glaubenssachen

pontifex ……
sacerdos ……
vates ……

deus …… divus ……
dea …… sanctus ……
numen …… sacer ……
fatum ……
omen …… fas ……
oraculum …… nefas ……

sors ……
fortuna ……
fortunatus ……
felix ……

templum ……
aedis ……
ara ……

religio ……

colere …… orare …… pius ……
vereri …… vovere …… rite ……
sacrificium …… votum ……

7 Typisch Inschrift

Übersetze die folgenden Ausdrücke; viele von ihnen findet man häufig auf Inschriften.

Dis Manibus …… Hic iacet … ……
tribu … …… Vixit annos XLII ……
in honorem …… ob res bene gestas ……
ob rem publicam restitutam ……
sancto forti pio viro ……
dono dedit …… faciendum curavit ……
de suo posuit …… de suo restituit ……
votum solvit …… laetus libens merito ……

8 Kurz

Was bedeuten diese Abkürzungen in Inschriften?
Nenne die Wörter im Nom. Sg.
mit ihrer deutschen Bedeutung.

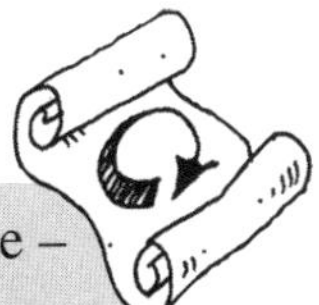

adhibere – advenire – adversus – afferre – alius – at – aut … aut – caelum – cadere – defendere – enim – fallere – gratias agere – haud – immo – inquirere – iustitia – lex – lux – mille – miser – moliri – mortuus – necare – oportet – opus est – quantopere – quoque – regnare – saeculum – surgere – talis – telum – vero – vis – vox – vulnerare consuetudo ....

passus ....

casus ....

pati ....

incipere ....

proficisci ....

mirari ....

loqui ....

sequi ....

iudex ....

testis ....

mori ....

1 Am falschen Platz im Satz …

… stehen die Partizipien; stifte Ordnung und übersetze den Satz.

Paulus Hierosolymam DEPREHENSUS .... a militibus Romanis CONCLUSUS .... et in carcere PROFECTUS .... est.

....

....

2 Familientreffen

Trage in deine Tabelle die Mitglieder folgender Wortfamilien ein:

nefarius; nefas; (-) | iratus; ira; irasci | (-); iudex, iucidicum; iudicare | (-); casus; cadere | (-); eloquentia; loqui | mortalis, mortuus; mors; mori | mirus, (+); (-); mirari | doctus; doctrina; docere | (-); minister; ministrare | sacer; sacrificium, sacerdos, (+); (-)

3 Latein in der Grammatik

Welche dir bekannten lateinischen Vokabeln entdeckst du in den Grammatikbegriffen?

Aktiv	_ _ _ _ _	....
Passiv	_ _ _ _	....
Kasus	_ _ _ _ _	....
Finalsatz	_ _ _ _ _	....
Konsekutivsatz	_ _ _ _ _	....
Kondizionalsatz	_ _ _ _ _ _ _ _	....
Kausalsatz	_ _ _ _ _	....
Modalsatz	_ _ _ _ _	....
Relativsatz	_ _ _ _ _ _ _	....

4

pudet me

5

ministri

6 Ausgerechnet

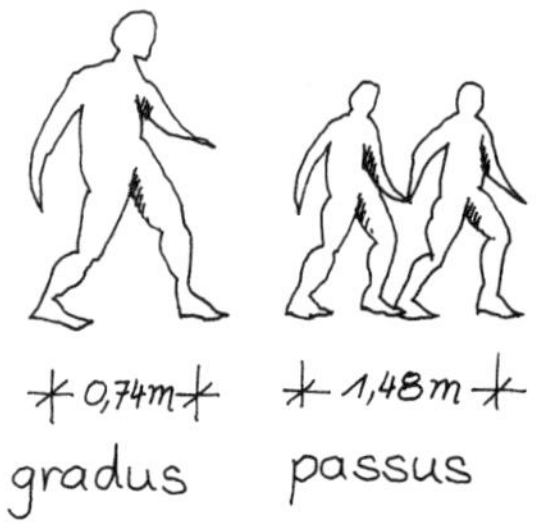

Rechne um:

tria milia passuum ....

duo digiti ....

undeviginti milia passuum ....

novem pedes ....

quindecim digiti ....

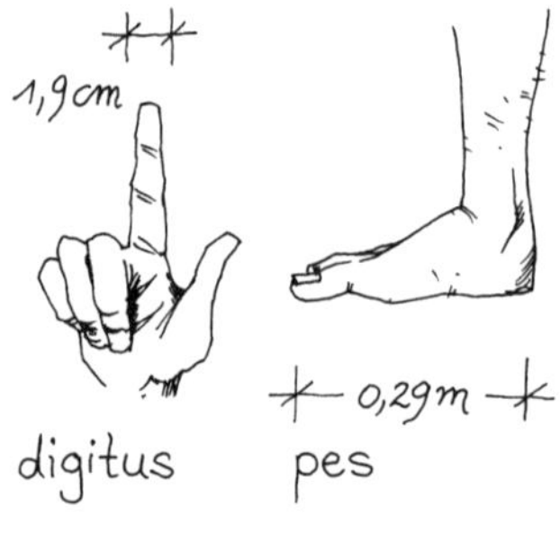

7 Stammformen

ulciscor	……	……	……
……	coepi …… ……	……	……
……	…… passus sum	……	……
……	……	mori	……
……	……	……	folgen

8 Im Gegenteil

……	– incipere	↔	*f*……	– ……
……	– *ad*……	↔	proficisci	– ……
……	– tacere	↔	*l*……	– ……
……	– *m*……	↔	oblivisci	– ……

9 Passt zu …

Ordne die Wörter zu, indem du eine inhaltliche Verbindung herstellst, und gib die deutschen Bedeutungen an.

concludere – consuetudo – fames – fulgere – passus – mori

…… – lux : …… – ……

…… – carcer : …… – ……

…… – cibus : …… – ……

…… – sepulcrum: …… – ……

…… – semper : …… – ……

…… – ire : …… – ……

10

usque ad

11 Vor Gericht

iudex ……

iudicium ……

iudicare ……

reus ……

patronus ……

testis ……

persequi ……

deprehendere ……

accusare ……

defendere ……

ius ……

iustitia ……

facinus ……

scelus ……

crimen ……

nefarius ……

condemnare ……

concludere ……

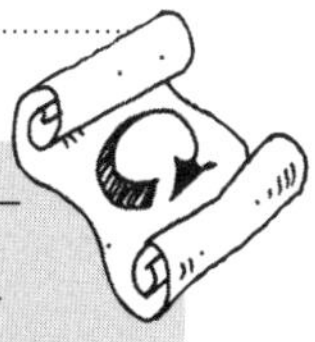

adhuc – animus – autem – caput – colere – constat – cupido – custos – discedere – fugere – impetrare – iterum – iuventus – lacrima – maiestas – meminisse – monere – mos – mulier – opprimere – paenitet – parcere – pars – parum – plurimi – polliceri – postremo – quo – quia – quoniam – satis – severus – solum – spes – statim – studere – ulcisci – urbs – valere – venia – verus providere ....

egredi ....

occurrere ....

proximus ....

neglegere ....

afficere ....

mandare ....

ut ....

tangere ....

fugae se mandare ....

maturus ....

magnopere ....

1 Stammformen

neglego	....	....	....	....
....	tetigi	....	....	....
....	....	demissum	....	....
....	....	....	interire	....
....	....		....	herausgehen, herauskommen

2 Familientreffen

Trage in deine Tabelle die Mitglieder folgender Wortfamilien ein:

memor; memoria; meminisse

iunior; iuvenis, iuventus; (-)

modestus; modus, (+); (-)

rectus; regio, rex, regina, regnum, (+); regere, regnare

(-); damnum; damnare

3 -o, kein Verb!

Übersetze:

O

erg ....

ali ....

prim ....

merit ....

postrem ....

ide ....

....

....

4 Zusammenhang

scire ....
conscius ....

videre ....
providere ....

magnus ....
magnopere ....

currere ....
occurrere ....

cedere ....
secedere ....

plenus ....
explere ....
implere ....

5 Verbwahl

Ein guter Rat für Delia

Offende/Neglege/Implora/Provide/Damna misericordiam domini!

....

7 Gekoppelt hält doppelt

cruci affigere ....

supplicio afficere ....

servum praemio afficere ....

capitis damnare ....

proximo anno ....

animum demittere ....

Roma secedere ....

6

c
r
u
x
crux xurc
x
u
r
c

8 In einen Topf

abire / secedere > ....

obviam ire / occurrere > ....

magnopere / valde > ....

ideo / itaque > ....

ingredi / inire > ....

interire / perire > ....

9 Latein im Deutschen

Welche dir bekannten lateinischen Vokabeln entdeckst du in folgenden Fremdwörtern?

Mandat	_ _ _ _ _ _ _	....
Minister	_ _ _ _ _ _ _ _	....
Republik	_ _ _ _ _ _ _ _ _ _	....
Memorandum	_ _ _ _ _	....
Plenarsitzung	_ _ _ _ _ _	....
Interesse	_ _ _ _ _ _ _ _ _	....
offensiv	_ _ _ _ _ _ _ _ _	....
Provision	_ _ _ _ _ _ _ _ _	....

aetas – aliquando – certe – consulere – crimen – debere – differre – discrimen – dubitare – dum – favere – fere – haerere – imago – imprimis – intellegere – itaque – negare – nescire – numquam – oblivisci – paulum – pessimus – praeterire – plurimi – punire – putare – quaerere – quamvis – relinquere – respondere – rogare – salus – servare – sic – solere

43

dubius ………… ………… | an …………
interim ………… ………… | otium ………… ………… …………
dignitas ………… ………… ………… | utrum …………
deferre ………… ………… …………
continere ………… ………… …………
proponere ………… ………… …………
praeesse ………… …………

1 Stammformen

arguo	…………	…………	…………	…………
…………	desii	…………	…………	…………
…………	…………	propositum	…………	…………
…………	…………		minari	…………
…………	…………	…………	…………	überbringen, melden, anzeigen

2 Verbwahl

Nur eine Kombination aus Vorsilbe und Verbform passt in den Satz. Kombiniere und übersetze. Nur Mut!

Pro	tine		
De	fitere		
Con	sine	timere!	…………
Inter	es		
Prae	roga		

3 In einen Topf

fateri
confiteri …………

4 Familientreffen

Trage in deine Tabelle die Mitglieder folgender Wortfamilien ein:

(erg. zu dubium) dubius · (-); cognitio; cognoscere · robustus; robur; (-) · (-); actus; agere · (-); praeteritum; praeterire · notus; (-); notare · dignus; dignitas; (-) · (-); propositum; proponere

5 Im Gegenteil

………… – otium	↔	n…………	–	…………
………… – c…………	↔	dubius	–	…………
………… – desinere	↔	i…………	–	…………
………… – r…………	↔	interrogare	–	…………
………… – tener	↔	r…………	–	…………

6 Latein in der Grammatik

Welche dir bekannten lateinischen Vokabeln entdeckst du in den Grammatikbegriffen?

Interrogativ-	_ _ _ _ _ _ _ _ _ _ _	....
Partikel	_ _ _ _	....
Tempus	_ _ _ _ _ _	....
Präteritum	_ _ _ _ _ _ _ _ _ _ _	....
Perfekt	_ _ _ _ _ _ _ _ _	....
Plusquamperfekt	_ _ _ _ _ _ _ _	....
	_ _ _ _ _ _ _ _ _	....
Futur	_ _ _ _ _ _ _	....

7 Alles zusammen, aber dann?

Bei den folgenden Komposita bedeutet die Vorsilbe con-/com- „zusammen“; vervollständige die Bedeutung, indem du aus dem Kasten das entsprechende Simplex auswählst.

conquirere	Z U	....	-halten
componere	S	....	-tragen
conferre	A	....	-rufen
convenire	M	....	-stellen
continere	M E	....	-suchen
convocare	N	....	-kommen

8 Vokabelkreuzung

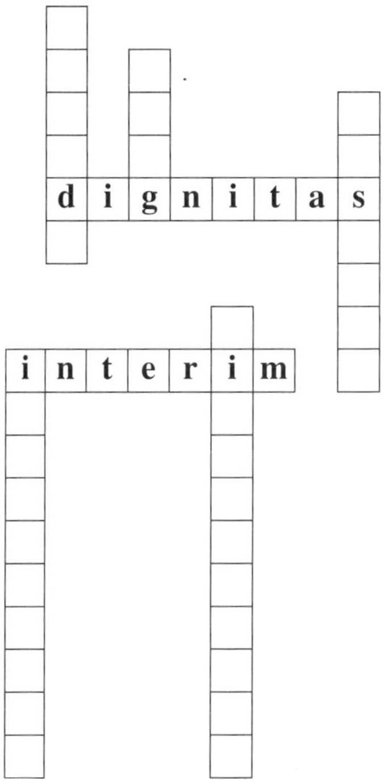

9 Menschen vor den Göttern

colere ....

vereri ....

venerari ....

vovere ....

orare ....

implorare ....

immolare ....

10 Schlimme Taten

iniuria ....

crimen ....

facinus ....

dedecus ....

nefas ....

flagitium ....

scelus ....

nex ....

caedes ....

accipere – acer – aequare – ante – auxilium – celer – clarus – copiae – crudelis – demonstrare – dux – epistula – exire – exspectare – forte – initium – interire – intra – invidia – meridies – mirus – nefarius – odium – periculum – praecipitare – praeterea – premere – proficisci – quidam – recipere – sacrificium – scire – spes – supplicium – tempus – tutus – victoria – vovere uti .... cursus ....

acies .... confidere ....

par .... tergum ....

prope .... murus ....

idoneus .... inopia ....

concurrere ....

signum ....

1 Familientreffen

Trage in deine Tabelle die Mitglieder folgender Wortfamilien ein:

(erg. zu fidelis) fidus; confidere   (erg. zu mors) immortalis   (-); lux; lucere   nocens; (-); nocere

utilis; (+) (+); uti   (-); responsum; respondere   acer; acies; (-)   (-); ratio; reri

(-); currus, cursus; currere   insignis; signum; signare

2 Stammformen

concurro	....	....	....	....
....	verti	....	....	....
....	....	admotum	....	....
....	....		uti	....
....	....		....	vertrauen

3 Verbwahl

Caesar fortuna sua usus/admotus/ratus/confisus/contemplatus parvam illam navem conscendit.

....

....

4 Stück für Stück

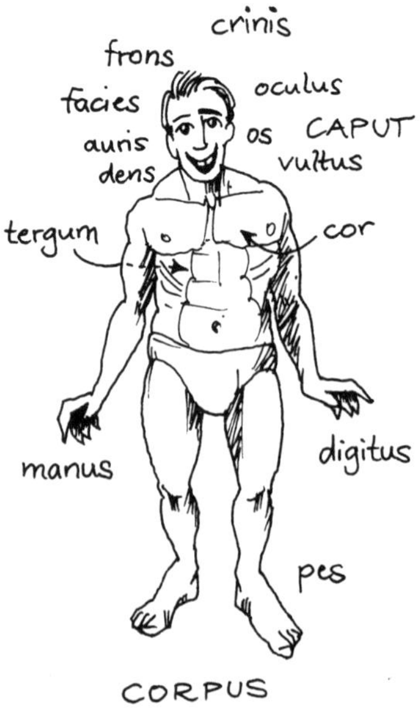

5 Gekoppelt hält doppelt

divino auxilio confidere ....

terga vertere ....

a tergo et a fronte aggredi ....

6 Sag die Meinung!

Du kennst sechs Verben, die „meinen" bedeuten können:

p............ .... e............ ....

s............ .... a............ ....

c............ .... r............ ....

7 Passt zu …

Ordne die Wörter zu, indem du eine inhaltliche Verbindung herstellst, und gib die deutschen Bedeutungen an.

deus – tristis – exercitus – pecunia – egere

.... – avaritia : .... – ....

.... – immortalis : .... – ....

.... – solacium : .... – ....

.... – inopia : .... – ....

.... – acies : .... – ....

8

ruere murus

9 Eigenschaften und Verhalten

Sortiere nach deinem Empfinden als „positiv" und „negativ" und ergänze die deutschen Bedeutungen.

industria – humanitas – avaritia – ira – constantia – superbia – vitium – dolus – fortitudo – liberalitas – crudelitas – discordia – clementia – iniuria – fides – virtus – ratio – odium

„positiv"	dt. Bedeutung	„negativ"	dt. Bedeutung
....	–	....	– ....
....	–	....	– ....
....	–	....	– ....
....	–	....	– ....
....	–	....	– ....
....	–	....	– ....
....	–	....	– ....
....	–	....	– ....
....	–	....	– ....
....	–	....	– ....

10 Zusammenhang

ops ....
inopia ....

prope ....
propinquus ....

adversus ....
vertere ....

pars ....
expers ....

11

sanguis

abesse – anima – auctor – caro – pro certo habere – cottidie – custodire – deinde – dolere – etiamsi – exercere – hora – infirmus – inimicus – iniuria – iudicium – loqui – malum – metus – mors – nolle – oculus – odisse – oratio – pius – praeceptum – proprius – proximus – reddere – redire – respicere – sepelire – sol – sustinere – tamquam – totus – virtus – voluntas

auctoritas .... cor ....
efficere .... aliter ....
dum .... veritas ....
honorare .... patiens ....
diligere .... vanus ....
pietas ....
edere ....

1 Stammformen

efficio	......	......	......	......
......	dilexi	......	......	......
......	......	prolatum	......	......
......	......	......	edere	......
......	......	......	......	fürchten ......

2 Zusammenhang

cor ....
discordia ....

auctor ....
auctoritas ....

audire ....
oboedire ....

3 Familientreffen

Trage in deine Tabelle die Mitglieder folgender Wortfamilien ein:

(erg. zu honestus) honorare — pius; pietas; (-) — patiens; (-); pati — verus; veritas; (-)
diligens; (+); diligere — (-); metus; metuere — iustus; ius, iustitia; iurare — senior; senex, senectus; (-)
(-); vestis; vestire — (-); solacium; consolari — (-); desiderium; desiderare

4

dives-pauper

5 Alles anders

alius ....
alter ....
alio ....
aliter ....

6 Im Gegenteil

.... – pauper ↔ d............ – ....
.... – i............ ↔ senior – ....
.... – diligere ↔ o............ – ....

7 Zuneigung und Abneigung

Sortiere die Verben und ergänze die deutschen Bedeutungen.

spernere – diligere – placere – neglegere – vitare – favere – irasci – venerari – maledicere – odisse – mirari – delectare – invidere – amare – misereri – contemnere

Zuneigung		dt. Bedeutung	Abneigung		dt. Bedeutung
………………	–	………………	………………	–	………………
………………	–	………………	………………	–	………………
………………	–	………………	………………	–	………………
………………	–	………………	………………	–	………………
………………	–	………………	………………	–	………………
………………	–	………………	………………	–	………………
………………	–	………………	………………	–	………………
………………	–	………………	………………	–	………………

8 Verbwahl

Christiani est tristes   honorare/edere/proferre/metuere/consolari.

………………………………………………………………

9 Latein im Deutschen

Verstehst du die folgenden, z.T. heute nicht mehr so gebräuchlichen Ausdrücke? Ergänze das dir bekannte lateinische Wort, das zu Grunde liegt, und seine deutsche Bedeutung; ordne aus dem Angebot im Kasten die richtige Entsprechung zu. Die Buchstaben ergeben einen Lösungssatz.

1. Ich muss zum Dentisten. _ _ _ _ – ……………… ☐
2. Er ist darüber indigniert. _ _ _ _ _ _ _ _ _ – ……………… ☐
3. Mein Knie ist lädiert. _ _ _ _ _ _ _ – ……………… ☐
4. Hat sie ihr Plazet gegeben? _ _ _ _ _ _ _ – ……………… ☐
5. Das ist nobel von dir. _ _ _ _ _ _ _ – ……………… ☐
6. Sie geben horrende Summen aus. _ _ _ _ _ _ _ – ……………… ☐
7. Sie sind in pekuniären Schwierigkeiten. _ _ _ _ _ _ _ – ……………… ☐
8. Das ist ein probates Mittel. _ _ _ _ _ _ _ – ……………… ☐
9. Sie kommen per pedes. _ _ _ – ………………; _ _ _ – ……………… ☐
10. Ich werde dich Mores lehren! _ _ _ – ……………… ☐
11. Das muss honoriert werden. _ _ _ _ _ _ _ _ – ……………… ☐

bewährt (I) – informiert (U) – angemessen (L) – riesig/ungeheuer (E) – begeistert (D) – belohnt (I) – zu Fuß (S) – ängstlich (O) – mit dem Wagen (G) – morgen (H) – Rechtsanwalt (A) – empört (E) – Zahnarzt (B) – finanziell (C) – persönlich (R) – bestraft (O) – geheilt (P) – großzügig (F) – verletzt (N) – falsch (I) – Einverständnis (E) – Geschenk (U) – anständiges Verhalten (T) – tanzen (V) – gelernt (A)

apertus – ars – augere – colere – concedere – conciliare – donum – fieri – gens – gloria – gratia – honor – imprimis – ingens – iudicare – labor – legatus – liberalitas – munus – operam dare – opes – orbis terrarum – oriri – patria – pauci – peregrinus – regnum – rogare – sacer – sed – senex – sepulcrum – sermo – sero – solere – studium – talis – temptare – tenere – tum – vestis

paene	aequus ....
oriens	item ....
solere	reverti ....
lingua	liberalis ....
permittere	
operam dare	
procedere	

1 Im Gegenteil

....	– discordia	↔	c..........	–	....
....	– v..........	↔	permittere	–	....
....	– vacuus	↔	p..........	–	....
....	– a..........	↔	item	–	....

2 Stammformen

excipio	....	....	....	....
....	permisi	....	....	....
....	....	expressum	....	....
....	....	....	solere	....
....	....	....	....	zurückkehren

3 Alles zurück, aber dann?

Bei den folgenden Komposita bedeutet die Vorsilbe re- „zurück“; vervollständige die Bedeutung, indem du aus dem Kasten das entsprechende Simplex auswählst.

recipere		....	– schauen
reddere	Z	....	– lassen
redire	U	....	– verlangen
reverti	R	....	– nehmen
respicere	Ü	....	– kehren
repetere	C	....	– geben
relinquere	K	....	– schicken
referre		....	– gehen
remittere		....	– bringen

4 Zusammenhang

cor ....

discordia ....

concordia ....

opus ....

opera ....

5 Verbwahl

Petrus, cum Romam processisset/ adiunxisset/ revertisset/ incohavisset/ indicavisset, martyrium passus est.

....

6 Anfang und Ende

Ordne die Wörter zu.

incipere – finis – conficere – ingredi – ultimus – postremo – initium – primo – desinere – incohare – perficere – primus – finire – primum

Anfang	dt. Bedeutung	Ende	dt. Bedeutung
.... –	....	.... –	....
.... –	....	.... –	....
.... –	....	.... –	....
.... –	....	.... –	....
.... –	....	.... –	....
.... –	....	.... –	....
.... –	....	.... –	....

7 Familientreffen

Trage in deine Tabelle die Mitglieder folgender Wortfamilien ein:

(erg. zu aequalis): aequus (erg. zu origo): orientalis, oriens (erg. zu studium): studiosus
(erg. zu liber) liberalis vacuus; (–); vacare patrius; pater, patres, patria, patronus; (–)

8 Septem artes liberales

Die Abbildung zeigt bildhafte Darstellungen der septem artes liberales, die im Kreis um die Philosophie als das Fundament aller wissenschaftlichen Bereiche angeordnet sind.
Schreibe zu den Darstellungen die Bezeichnungen hinzu.

grammatica, dialectica, rhetorica, arithmetica, geometria, astronomia, musica

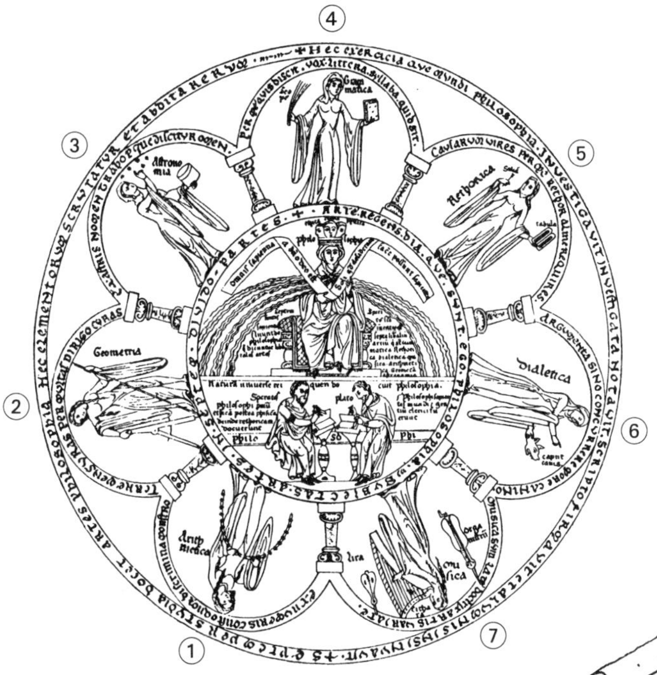

ambulare – antiquus – audire – avis – causa – cognoscere – componere – demonstrare – etiam – fieri – flumen – impetus – incredibilis – indignus – maior – medius – mens – modus – movere – nam – narrare – navis – navigare – neque/nec – nisi – opus – plenus – pons – postea – primo – regere – sedere – si – sine – stultus – talis – ut – uti – vehere stultitia ....

volare ....

dementia ....

ultra ....

potestas ....

inferior ....

machina ....

medicus ....

vel ....

aer ....

1 Zusammenhang

mens	unus ....
dementia	unicus ....

2 In einen Topf

trans / ultra ....

aut / vel ....

celeritas / velocitas ....

3 Familientreffen

Trage in deine Tabelle die Mitglieder folgender Wortfamilien ein:

(erg. zu mirus) mirandus   potens; potestas, potentia; posse, (+)   stultus; stultitia; (–)

gratus; gratia; gratulari   terribilis; terror; terrere   (–); victor, victoria; vincere

4 Passt zu …

Ordne die Wörter zu, indem du eine inhaltliche Verbindung herstellst, und gib die deutschen Bedeutungen an.

currere – anima – sanare – scribere – volare

.... – medicus : .... – ....

.... – avis : .... – ....

.... – velocitas : .... – ....

.... – aer : .... – ....

.... – linea : .... – ....

5 Verbwahl

Homines sumus; sanare/ volare/ dilabi/ permittere/ verberare non possumus.

....

6 Latein im Krankenhaus

Welche dir bekannten lateinischen Vokabeln entdeckst du in den Begriffen?

Medizin	_ _ _ _ _ _ _	....
Patient	_ _ _ _	....
Visite	_ _ _ _ _ _ _ _	....
Ambulanz	_ _ _ _ _ _ _ _	....
stationär	_ _ _ _ _	....
Doktor	_ _ _ _ _ _	....
Hospital	_ _ _ _ _ _	....
Sanatorium	_ _ _ _ _ _	....
Ultraschall	_ _ _ _ _	....
intravenös	_ _ _ _ _	....
Fraktur	_ _ _ _ _ _ _ _	....

7 Sil-ben-rät-sel

Die Silben ergeben sieben lateinisch-deutsche Paare.
Ein lateinisches Wort bleibt ohne Partner. Wie heißt er?

a – bar – be – cre – der – Dumm – dus – flie – Ge – gen – gen – heim – heit – jen – keit – la – lich – mi – Mög – nis – pt – ra – ran – re – re – schla – se – seits – stul – tas – tes – ti – ti – tra – tum – ul – vel – ver – vo – wun

8 Stammformen

cogo	....	....	....	....
....	quaesivi	....	....	....
....	....	secutus sum	....	....
....	....	....	reddere	....
....	....	....	....	siegen, besiegen

9 Die vier Elemente
Trage die lateinischen Wörter für die vier antiken Elemente ein.

Luft			Feuer
Erde			Wasser

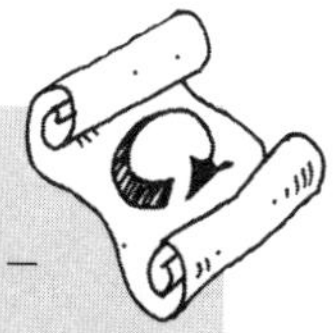

admonere – adulescens – afferre – cogere – convenire – diligens – diligere – etiamsi – fere – genus – igitur – ingenium – interest – ita – iuvenis – iuventus – litterae – ob – mens – mos – mutare – optimus – parum – pati – praestat – pulcher – quaerere – qualis – quamquam – reddere – sequi – severus – sperare – superesse – tamen – ut – vesperi – vincere

difficilis .... versus ....

vulgus .... praeceptor ....

moderatio .... difficultas ....

errare ....

usus ....

cum – tum ....

diligentia ....

1 Latin

Welche dir bekannten lateinischen Vokabeln entdeckst du in den englischen Wörtern?

error _ _ _ _ _ _ ....

secret _ _ _ _ _ _ _ _ ....

to visit _ _ _ _ _ _ _ _ ....

sign _ _ _ _ _ _ ....

equal _ _ _ _ _ _ ....

difficult _ _ _ _ _ _ _ _ _ _ ....

2 Verbwahl

Nur eine Kombination aus Vorsilbe und Verbform passt in den Satz. Kombiniere und übersetze.

Ob	ige	
Ad	rudi	
Re	celle	hunc librum! ....
E	liga	
Ex	cita	

3 Familientreffen

Trage in deine Tabelle die Mitglieder folgender Wortfamilien ein:

(erg. zu diligens) diligentia (erg. zu utilis) usus

(erg. zu modestus) moderatio (erg. zu rectus) regula difficilis; difficultas; (–)

severus; severitas; (–) (–); forma; formare (–); versus; vertere

4 Stammformen

facio				
	adegi			
		interfectum		
			assequi	
				unterlassen, übergehen

5 Zusammenhang

grammatica	praeceptum ....
grammaticus	praeceptor ....

6 Schule und Bildung

magister ....

praeceptor ....

praeceptum ....

docere ....

erudire ....

liber ....

littera ....

litterae ....

lingua ....

oratio ....

memoria ....

artes ....

humanitas ....

ludus ....

disciplina ....

industria ....

studium ....

discipulus ....

cultura ....

doctrina ....

discere ....

studere ....

legere ....

scribere ....

scire ....

fingere ....

recitare ....

disputare ....

7 Einfach toll!

Welche dir bekannten lateinischen Wörter entdeckst du in den Ausrufen?

exzellent! _ _ _ _ _ _ _ _ _ ....

optimal! _ _ _ _ _ _ _ ....

famos! _ _ _ _ ....

originell! _ _ _ _ _ ....

superb! _ _ _ _ _ _ _ _ ....

acies – advenire – appellare – audere – autem – castra – cottidie – communis – confirmare – crux – cupere – cur – debere – dimittere – durus – impetus – interficere – liberare – lucere – magis – malle – pax – parare – periculum – perire – prodesse – quoque – regnum – sacer – sanguis – scire – signum – summus – tantus – trahere – uterque – vastare – voluntas festinare ……………… ……………………

remedium ……………… ……………………

debitum ……………… ……………………

eiusmodi ……………… ……………………

sacrum ……………… …………… ……………………

quemadmodum ……………………… ……

cottidianus ……………… ……………………

panis ………………

satura ………………

paries ………………

1 Frage-Zeichen

Streiche die Wörter durch, die keine Frage kennzeichnen, und schreibe für die übrigen die deutsche Bedeutung dazu.

quis – quod – quantopere – quot – quemadmodum – quinque – quamquam – quantus – quomodo – quoque – quid – quamvis – qualis – quia – quidem

2 Verbwahl

Wie lautete der Wahlspruch des Augustus?

Visita
Iura
Concurre lente! ……………………
Festina
Honora

3

panis

4 Stammformen

potior				
	contuli			
	oblitus um			
			occisum	
				halten, feststellen

5 Familientreffen

Trage in deine Tabelle die Mitglieder folgender Wortfamilien ein:

(erg. zu sacer) sacrum

(–); oblivio; oblivisci

(–); debitum; debere

6 Zusammenhang

dies ………………

cottidie ………………

cottidianus ………………

medicus ………………

remedium ………………

7

paries

8 Kopf-Verben

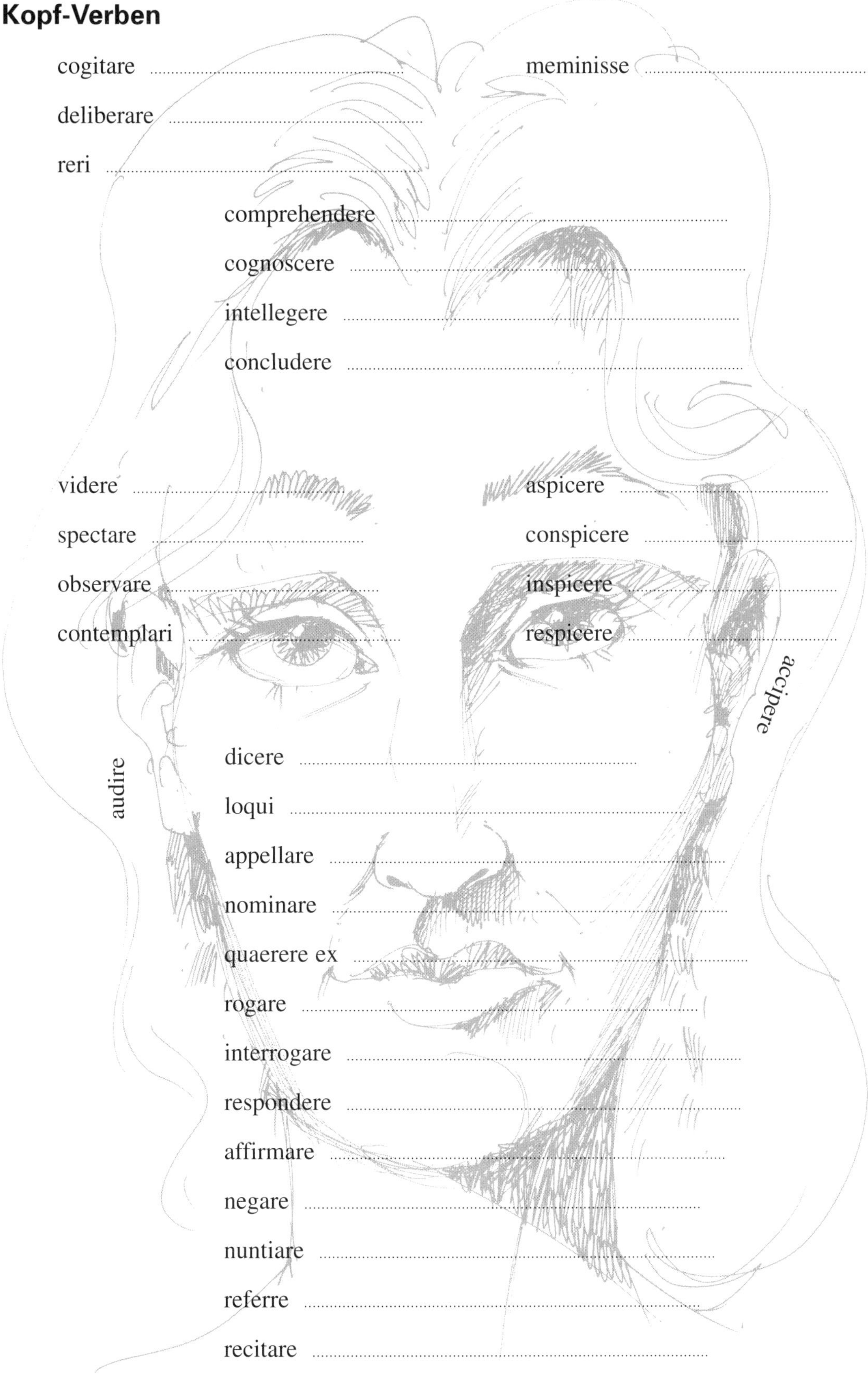

cogitare ……………… meminisse ………………

deliberare ………………

reri ………………

comprehendere ………………

cognoscere ………………

intellegere ………………

concludere ………………

videre ……………… aspicere ………………

spectare ……………… conspicere ………………

observare ……………… inspicere ………………

contemplari ……………… respicere ………………

accipere

audire

dicere ………………

loqui ………………

appellare ………………

nominare ………………

quaerere ex ………………

rogare ………………

interrogare ………………

respondere ………………

affirmare ………………

negare ………………

nuntiare ………………

referre ………………

recitare ………………

afficere – alius – an – atque – augere – beneficium – brevis – ceteri – clarus – constat – consulere – diu – divinus – dubium – honor – imperium – invenire – laus – maiores – nominare – non modo … sed etiam – opus – populus – potius – praebere – quidem – regina – res gestae – salus – solere – superare – tantum – tempus – tenere – totus – uti – vero

frumentum ……………
natio …………… ……………
vel … vel ……………
occidens …………… ……………
utilitas …………… ……………
subicere ……………
considerare …………… …………… ……………
potiri …………… ……………
conferre …………… …………… ……………
societas …………… …………… ……………

1 Wohin damit?

Setze die Verbformen an die passende Stelle und übersetze den Satz.

potiti sunt – celebrantur – subiecerunt – debellaverunt

Num Romani ……………, quod magna parte orbis terrarum ……………

multasque gentes …………… et …………… ?

……………

……………

2 Stammformen

potior	……………	……………	……………	……………
……………	contuli	……………	……………	……………
……………	……………	attentum	……………	……………
……………	……………	……………	subicere	……………
……………	……………	……………	……………	verteilen, einteilen

3 Familientreffen

Trage in deine Tabelle die Mitglieder folgender Wortfamilien ein:

(erg. zu potens) potiri   (–); occidens; occĭdere   salutaris; salus; salutare

4 Gelernt

Schreibe darüber, unter welchem Eintrag im Wörterbuch du folgende Formen findest (manchmal gibt es zwei Möglichkeiten):

intersunt – affixit – debito – polliciti – passum – vinxit – numina – affecit – disposueramus – signa – dilexi – transitur – profecto – aetate – humiliores – contempsisti – rei – solitus – egerunt – arte – facies – cupidinem – patrio – neglectum – obligatus – vulgi – confisus – constantem – reversus – auctoritatem

5 Latein um dich herum

Lateinische Wörter werden auch heute häufig in Namen von Produkten, Firmen, Restaurants usw. verwendet. Die folgenden Beispiele sind erfunden, aber wenn du dich umschaust, wirst du bestimmt einige in deiner Umgebung entdecken.

Besuchen Sie unseren Freizeitpark
OTIUM

nuntius
Kurierdienst

Mensa der Sapientia-Universität

CULTURA
Pflanzenmarkt
Wir eröffnen eine neue Filiale in der Reginastraße.

Bestattungsunternehmen **PIETAS**

Ristorante – Pizzeria
Al lupo

SONUS - Klaviere -
das bessere Tastgefühl

AMOR
Eheanbahnungsinstitut

Wir geben die Vermählung
von
Herrn Benedikt Müller jun.
mit
Frau Clara Meier
bekannt.

Viktoria Müller
Benedikt Müller sen.

Vera Schulz-Meier
Justus Meier

ANIMALIA
Zoofachgeschäft

Juventus Kleckersberg - Fortuna Hansdorf 4:3
Concordia Berghausen - Victoria Talstadt 1:2

FRIGUS
Eis -
exzellent!

Fliegen Sie mit
aerolinia

VERITAS
Detektiv-Büro

auribeu
das neue Hörgerät

dens
Zahnlaboratorium

satura
Das Journal für geistige Feinschmecker

CAVE
Versicherungsagentur

audite
Ihre aktuelle Programmzeitschrift

Kommen Sie zu
sermo sermo
dem literarischen Gesprächskreis

pulchrifac
das überzeugende Schönheitsmittel

Sprachen lernen bei
industria
Nachhilfedienst

Bildquellenverzeichnis

L1, 48: Michael Heinrich, München; L8: Rheinisches Landesmuseum, Trier; L13: aus: Antike Fabeln, eingeleitet und übertragen von Ludwig Mader, Bibliothek der Alten Welt, © Artemis Verlag, Zürich und München 1951, Deutscher Taschenbuchverlag GmbH & Co. KG, München 1973, S. 169; L15, 26: Scala, Florenz; L21: CIL IV 2331; L46: aus: Hermann Koller, Orbis Pictus Latinus, Lateinisches Bildlexikon, © Artemis & Winkler Verlag, Düsseldorf/Zürich 1976/1997, S. 42

Trotz entsprechender Bemühungen ist es nicht in allen Fällen gelungen, den Rechtsinhaber ausfindig zu machen. Gegen Nachweis der Rechte zahlt der Verlag für die Abdruckerlaubnis die gesetzlich geschuldete Vergütung.

Lösungen zu Cursus Continuus – Vokabel Cursus

Zur Überprüfung der Lösungen im „Test" und in der Liste der zu wiederholenden Wörter sollte der Wortspeicher des Schülerbandes herangezogen werden (Wortspeicher der jeweiligen Lektion bzw. alphabetisch geordnetes Vokabelverzeichnis). Ein Längsstrich bedeutet, dass mehr als eine Übersetzung möglich ist, z.B.: Das Volk schreit/jubelt.

1.1 *clamat* - er schreit, ruft; *intrat* - er kommt herein, betritt, tritt ein; *audit* - er hört; *tacet* - er schweigt; *plaudit* - er klatscht Beifall
1.2 *Ave!* - Sei gegrüßt!
1.3 *Marcus amat.* - Marcus ist verliebt.
1.4 *ridet* - er lacht; *gaudet* - er freut sich; *valde ridet* - er lacht sehr
1.5 *turba* - (Menschen-)Menge
1.6 *simulacrum* - Götterbild
1.7 *imperator* - Kaiser; Feldherr
1.8 *Marcus ridet et clamat.* - Marcus lacht und schreit. *Marcus ridet. Et Cornelia ridet.* - Marcus lacht. Auch Cornelia lacht.
1.9 *spectaculum* - Schau, Schauspiel; *turba* - (Menschen-)Menge; *imperator* - Kaiser; *Populus clamat.* - Das Volk schreit/jubelt.; *Nunc pompa venit.* - Jetzt kommt die Bilderprozession.; *simulacrum* - Götterbild; *plaudit* - er klatscht Beifall; *gaudet* - er freut sich; *Et Cornelia plaudit.* - Auch Cornelia klatscht Beifall.; *amat* - er ist verliebt; *ridet* - er lacht
1.10 *nam, enim* - denn, nämlich
1.11 *tum* - damals; *nunc* - jetzt
1.12 *Ecce, ibi sedet Marcus. Valde gaudet, nam modo Cornelia venit. Tum Marcus clamat. Cornelia non audit. Marcus iterum clamat. Nunc Cornelia audit. Ridet. Amat enim. Et Marcus ridet. Nunc spectaculum placet.*

2.1 schlecht - gut - *bonus;* alt - neu - *novus;* Feind - Freund - *amicus;* jeder - keiner/niemand - *nemo;* nie - immer - *semper;* dunkel - hell - *clarus*
2.2 *altus* - hoch; tief
2.3 *Magistra docet.* - Die Lehrerin lehrt/unterrichtet.; *Via lata est, templum altum est.* - Die Straße ist breit, der Tempel ist hoch.
2.4 *nemo* - niemand; *multi* - viele
2.5 *cur* - warum
2.6 *rogat* - er fragt; *respondet* - er antwortet
2.7 *Iulia laeta est.* - Julia ist fröhlich/gut gelaunt.; *Et Cornelia laeta est.* - Auch Cornelia ist fröhlich/gut gelaunt.; *Etiam Drusilla et Domitilla laetae sunt.* - Auch Drusilla und Domitilla sind fröhlich / gut gelaunt.
2.8 *dicit* - er sagt, spricht, nennt; *vocat* - er ruft; *clamat* - er ruft, schreit; *rogat* - er fragt; *respondet* - er antwortet, erwidert
2.9 *non* - nicht; *nemo* - niemand; *nihil* - nichts; *non iam* - nicht mehr
2.10 *ridet* - er lacht; *gaudet* - er freut sich; *laetus est* - er ist fröhlich/gut gelaunt
2.11 *via lata* - die/eine breite Straße; *serva nova* - die/eine neue Sklavin; *senator clarus* - der/ein berühmter Senator; *templum altum* - der hohe Tempel
2.12 *amicus* - Freund; *amica* - Freundin; *servus* - Sklave; *serva* - Sklavin
2.13 *via* - Weg, Straße; *latus* - breit, weit; *autem* - aber, jedoch; *laetus* - froh, fröhlich; *est* - er/sie/es ist; *sunt* - sie sind; *novus* - neu, neuartig; *serva* - Sklavin; *nemo* - niemand; *iam* - schon; *altus* - hoch, tief; *senator* - Senator; *etiam* - auch, sogar
2.14 *Domitilla dicit: „Ibi stat Marcus."* - Domitilla sagt: „Dort steht Marcus."; *Iam Cornelia gaudet.* - Schon freut sich Cornelia.; *Ecce, Marcus non venit.* - Sieh da, Marcus kommt nicht.; *Nunc Cornelia non iam gaudet.* - Jetzt freut sich Cornelia nicht mehr.; *Domitilla autem ridet.* - Domitilla aber lacht.

3.1 *nemo* - niemand; *pauci* - wenige; *multi* - viele
3.2 *Salve!* - Sei gegrüßt!
3.3 *petere* (Thermen) - aufsuchen; (Gladiator) - angreifen; (Bittender) - bitten
3.4 *hodie* - heute; *nunc* - jetzt; *tum* - damals
3.5 *Titus ludit, dum Marcus legit.* - Titus spielt, während Marcus liest.; *Cornelia tacet; tum ridet.* - Cornelia schweigt; dann lacht sie.
3.6 *dum* - waehrend; *ubi* - wo; *certe* - sicherlich; *itaque* - deshalb; *tot* - so viele. Lösungswort: *video* (ich sehe)
3.7 *Hic ludere non licet.* - Hier ist Spielen nicht erlaubt.
3.8 *Salve, quid agis? Nihil ago, ut vides?* - Hallo, was machst/treibst du? Ich mache nichts, wie du siehst.; *Homines docti studere solent.* - Gelehrte Menschen pflegen sich zu bilden/bilden sich gewöhnlicherweise.
3.9 *placet* - es gefällt, *iuvat* - es freut, macht Spaß; *licet* - es ist erlaubt, man darf, es ist möglich
3.10 *Cave!* - Pass auf!
3.11 *ubi?* - wo?; *hic* - hier; *ibi* - dort
3.12 *non* - nicht; *nemo* - niemand; *nihil* - nichts; *non iam* - nicht mehr; *neque* - und nicht, auch nicht, aber nicht
3.13 *timet* - er fürchtet sich
3.14 *student - studere* - Verb - sich bemühen, wollen, sich bilden; *homines - homo* - Subst. - Mensch; Pl. Leute; *cavetis - cavere* - Verb - sich in Acht nehmen, sich hüten (vor); *docet - docere* - Verb - lehren, unterrichten; *docti - doctus* - Adjektiv - gelehrt, gebildet

4.1 schenken, beschenken - *donare - donum* - Geschenk; schreien - *clamare - clamor* - Geschrei; lehren - *docere - doctus* - gelehrt
4.2 *hora* - Stunde
4.3 *Quantum clamorem audio, quot homines video.* - Wie viel Lärm höre ich, wie viele Menschen sehe ich!; *Ludere non licet, quod multi homines ibi sunt.* - Spielen ist nicht möglich, weil viele Menschen dort sind.
4.4 *poscere* - fordern, verlangen; *negare* - verweigern
4.5 *Accedit ad mercatorem.* - Er tritt zum Kaufmann.; *Currit in aedificium.* - Er läuft in ein Gebäude.; *Ambulat per vias et vicos.* - Er spaziert durch Straßen und Gassen.
4.6 *quot?* wie viele; *tot* - so viele; *quantus?* - wie groß; *tantus* - so groß
4.7 *autem* - aber, jedoch; *sed* - aber, sondern
4.8 *dona - donum* - Subst. - Geschenk, Gabe; *clamorem - clamor* - Subst. - Geschrei; *negamus - negare* - Verb - leugnen, bestreiten, verweigern; *curritis - currere* - Verb - laufen, rennen; *aedificia - aedificium* - Subst. - Bauwerk, Gebäude
4.9 Präpositionen: *per* - durch (... hindurch), über ... hin; *ad* - zu, zu...hin, an, bei; *inter* - zwischen, unter, während; Konjunktionen: *nam* - denn, nämlich; *quod* - weil; *et* - und; *sed* - aber, sondern; *neque* - und nicht, auch nicht, aber nicht
4.10 *unus* - ein
4.11 *vinum* - Wein
4.12 1: *hora* 2: *vicus* 3: *vita* 4: *clamor* 5: *ambulare* 6: *dominus* 7: *laudare* 8: *negare* 9: *accedere* 10: *saepe*

5.1 *servus* - Sklave, *serva* - Sklavin; *dominus* - Herr, *domina* - Herrin; *deus* - Gott, *dea* - Göttin; *amicus* - Freund, *amica* - Freundin; *pater* - Vater, *mater* - Mutter
5.2 *Pro aedificio stat.* - Er steht vor dem Gebäude.; *De Capitolio descendit.* - Er steigt vom Kapitol herab.; *Cum amico ambulat.* - Er geht mit dem Freund spazieren.; *Ex aedificio currit.* - Er läuft aus dem Gebäude hinaus.; *Inter aedificia stat.* - Er steht zwischen den Gebäuden.; *Ad patrem accedit.* - Er tritt zum Vater.; *In aedificio stat.* - Er steht in dem Gebäude.; *In aedificium currit.* - Er läuft in das Gebäude.
5.3 *Multas horas exspectat.* - Er wartet viele Stunden lang.
5.4 *subito* - plötzlich
5.5 *magna cum cura observare* - mit großer Sorgfalt beobachten; *amicum exspectare* - den Freund erwarten/auf den Freund warten; *in animo habere* - im Sinn haben/vorhaben
5.6 Substantivformen: *cum muliere* - mit der Frau; *cum senatore* - mit dem Senator; *cum patre* - mit dem Vater; *cum deo* - mit Gott; *cum servo* - mit dem Sklaven; Verbformen: *manere* - bleiben, warten, erwarten; *sperare* - hoffen, erhoffen, erwarten; *perdere* - vernichten, verlieren; *perdo* - ich vernichte, verliere; *specto* - ich schaue, betrachte; *caveo* - ich hüte mich; *exspectare* - warten (auf), erwarten
5.7 *non pauci, sed multi; non sine, sed cum; non ibi, sed hic; non tacere, sed dicere; non malus, sed bonus*
5.8 *locus* - Ort, Platz, Stelle
5.9 *ego* - ich; *tu* - du
5.10 *spectat* - sie schaut, betrachtet
5.11 *fortasse* - vielleicht; *frustra* - vergeblich; *maestus* - traurig; *malus* - böse; *observare* - beobachten; *properare* - eilen; *sperare* - hoffen

6.1 Geschenk - *donum* - *donare* - schenken; Schauspiel - *spectaculum* - *spectare* - betrachten; Geschrei - *clamor* - *clamare* - schreien; Furcht - *timor* - *timere* - fürchten; Schule, Spiel - *ludus* - *ludere* - spielen; Kampf - *pugna* - *pugnare* - kämpfen; Liebe - *amor* - *amare* - lieben
6.2 *litterae* - Brief
6.3 *non* - nicht; *nemo* - niemand; *nihil* - nichts; *non iam* - nicht mehr; *neque* - und nicht, auch nicht, aber nicht; *ne...quidem* - nicht einmal
6.4 *vulnerare* - verwunden; *dolere* - Schmerz empfinden; *nex* - (gewaltsamer) Tod, Mord
6.5 *Veni tandem!* - Komm endlich!; *Cur tandem me vocas?* - Warum rufst du mich eigentlich?
6.6 *Curis vaco.* - Ich bin frei von Sorgen/habe keine Sorgen.; *Amicis careo.* - Ich habe keine Freunde.
6.7 *ludus gladiatorius* - Gladiatorenkampf; *Homines gladiatores exspectant.* - Die Menschen warten auf die Gladiatoren.; *Syrus et Barbatus intrant.* - Syrus und Barbatus kommen herein.; *Salutant.* - Sie grüßen.; *Vocant: Imperator, te salutamus.* - Sie rufen: Kaiser, wir begrüßen dich.; *Pugnant.* - Sie kämpfen.; *Alter alterum gladio vulnerare student.* - Sie versuchen sich gegenseitig mit dem Schwert zu verwunden.; *Laborant.* - Sie strengen sich an.; *Loco non cedunt.* - Sie weichen nicht von der Stelle.; *Syrus non sustinet.* - Syrus hält nicht stand.; *Iacet.* - Er liegt (da).; *Dolet.* - Er leidet/empfindet Schmerz.; *Vitam perdit.* - Er verliert sein Leben/stirbt.; *Barbatus victor est.* - Barbatus ist der Sieger.; *Victoria gaudet.* - Er freut sich über den Sieg.
6.8 *Pecunia caret.* - Er hat kein Geld.; *Divitiis abundat.* - Er hat Reichtum im Überfluss.
6.9 *ego* - ich; *alter* - der eine; *alter* - der andere; *alii* - die einen; *alii* - die anderen
6.10 *igitur* - also, folglich, daher; *itaque* - daher, deshalb

7.1 *quis* - wer; *quid* - was; *quot* - wie viel; *quantus* - wie groß, wie viel; *ubi* - wo; *cur* - warum; *-ne* - (Fragepartikel); *num* - etwa; *nonne* - etwa nicht
7.2 *Maestus sum, tamen rideo.* - Ich bin traurig, dennoch lache ich; *Cur ibi stas? Veni tandem!* - Warum stehst du dort (herum)? Komm endlich!
7.3 *Te oro: Da auxilium! Libera me!* - Ich bitte dich: Hilf (mir)! Befreie mich!
7.4 *legere* - lesen; *scribere* - schreiben
7.5 *Senatores in forum conveniunt.* - Die Senatoren versammeln sich auf dem Forum.; *Puellae amicas conveniunt.* - Die Mädchen treffen ihre Freundinnen.; *Non cuncta in cunctos conveniunt.* - Nicht alles passt zu allen.
7.6 *Donum placet.* - Das Geschenk gefällt.; *Dono gaudeo.* - Ich freue mich über das Geschenk. *Dono me delectas.* - Du erfreust mich/ machst mir Freude mit dem Geschenk.; *Dono me concilias.* - Du gewinnst mich durch das Geschenk.
7.7 *tam bonus* - so gut; *sic placet* - so gefällt es; *Marcus dicit: „Hodie laetus sum."* - Marcus sagt: „Heute bin ich fröhlich."; *„Hodie", inquit Marcus, „laetus sum."* - „Heute", sagt Marcus, „bin ich fröhlich."
7.8 *contentus* - zufrieden; *scribere* - schreiben; *puella* - Maedchen; *solus* - allein; *debere* - muessen; Lösungswort: *simulacrum*
7.9 *Quid modo ibi accidit?* - Was passiert dort gerade? - An accident! (engl.) - Ein Unfall!
7.10 *Te rogo, magna dea:* - Ich frage dich, große Göttin:; *Hominesne protegis?* - Beschützt du die Menschen?; *Num homines malos protegis?* - Beschützt du etwa die bösen Menschen?; *Nonne homines bonos protegis?* - Beschützt du etwa nicht die guten Menschen?
7.11 *potestis* - *posse* - Verb - können; *sacrificiis* - *sacrificium* - Subst. - Opfer; *dant* - *dare* - Verb - geben; *finimus* - *finire* - Verb - begrenzen, beenden; *possunt* - *posse* - Verb - können
7.12 *si* - wenn; *nisi* - wenn nicht

8.1 Singular: 1.P.: *meus* - mein; 2.P.: *tuus* - dein; 3.P.: *suus* - sein, ihr; Plural: 1.P.: *noster* - unser; 2.P.: *vester* - euer; 3.P.: *suus* - ihr
8.2 *puer* - Junge; *legere* - lesen; *liber* - Buch; *sedere* - sitzen; *magister* - Lehrer; *docere* - lehren, unterrichten; *sero venire* - zu spät kommen; *salutare* - grüßen; *stare* - stehen
8.3 *plenus invidiae* - voller Neid; *oppidum in Italia situm* - eine in Italien gelegene Stadt/eine Stadt in Italien; *cupidus gloriae* - begierig nach Ruhm/ruhmgierig/scharf auf Ruhm; *bonum consilium dare* - einen guten Rat geben
8.4 *narrat* - (er) erzählt; *Curro* - Ich laufe; *possum* - ich kann; *Subito* - Plötzlich; *homo* - ein Mann; *sero* - zu spät; *Tandem* - Endlich; *puella pulchra* - ein hübsches Mädchen; *Nemo me miseram curat.* - Niemand kümmert sich um mich Arme.; *monstrum* - Ungeheuer; *gladium* - mein Schwert; *monstrum* - das Ungeheuer; *Puella* - Das Mädchen; *et dicit* - und sagt; *filiam regis* - die Tochter des Königs; *e magno periculo* - aus einer großen Gefahr; *Pater* - Mein Vater; *divitiis* - mit Reichtum
8.5 *ago* - *agere* - Verb - treiben, betreiben, handeln, verhandeln; *agro* - *ager* - Subst. - Acker; Feld, Gebiet; *liberas* - *liberare* - Verb - befreien; *libros* - *liber* - Subst. - Buch; *admonetis* - *admonere* - Verb - erinnern, ermahnen; *inveniunt* - *invenire* - Verb - finden, erfinden
8.6 *navigare* - (zur See) fahren, segeln
8.7 *filius* - Sohn, *filia* - Tochter; *puer* - Junge, *puella* - Mädchen; *vir* - Mann, *mulier* - Frau; *magister* - Lehrer, *magistra* - Lehrerin
8.8 *ira* - Zorn

9.1 Stimme - *vox* - *vocare* - rufen; Freude - *gaudium* - *gaudere* - sich freuen; Gelübde - *votum* - *vovere* - geloben; Sorge, Sorgfalt - *cura* - *curare* - sorgen (für)
9.2 *claudo, clausi, claudere* - schließen, absperren; *evado, evasi, evadere* - herausgehen, entrinnen; *desero, deserui, deserere* - verlassen, im Stich lassen; *quaero, quaesivi, quaerere* - suchen, erwerben

9.3 *Marcus Lucium non videt.* - Marcus sieht Lucius nicht.; *Amicum ubique quaerit.* - Er sucht den Freund überall.; *Ex cunctis hominibus quaerit: „Ubi est Lucius?"* - Er fragt alle Leute: „Wo ist Lucius?"; *Tandem amicum invenit.* - Endlich findet er den Freund.; *„Salve, amice! Ubique te quaesivi! Ubi fuisti?"* - Hallo, Freund! Ich habe dich überall gesucht? Wo warst du?"
9.4 *sic* - so; *tam* - so; *valde* - sehr; *adeo* - so sehr
9.5 *carcer* - Gefängnis
9.6 *venire* - kommen; *vadere* - gehen; *currere* - laufen, rennen; *petere* - aufsuchen; *accedere* - herantreten, dazukommen; *intrare* - eintreten, hereinkommen, betreten; *stare* - stehen; *manere* - bleiben; *iacere* - liegen; *exspectare* - warten auf; *ambulare* - spazieren gehen; *evadere* - herausgehen; *cedere* - weichen; *discedere* - weggehen, auseinander gehen; *abducere* - wegführen; *descendere* - herabsteigen; *deserere* - verlassen, im Stich lassen
9.7 *nemo* - niemand; *unus* - einer; *pauci* - wenige; *nonnulli* - einige; *multi* - viele; *cuncti* - alle
9.8 *Quo vadis?* - Wohin gehst du?; *Nihil scio.* - Ich weiß nichts.; *Officium bene exples.* - Du erfüllst deine Pflicht gut.; *Pretium e mercatore quaerimus.* - Wir fragen den Kaufmann nach dem Preis.
9.9 *ante aedificium* - vor dem Gebäude; *post aedificium* - hinter dem Gebäude; *apud aedificium* - bei dem Gebäude
9.10 Gaudi (bayerisch) von *gaudere* - sich freuen

10.1 beiordnende Konjunktionen: *nam* - denn, nämlich; *sed* - aber, sondern; *et* - und, auch; *neque* - und nicht, auch nicht, aber nicht; unterordnende Konjunktionen: *quod* - weil; *ubi* - sobald; *cum* - als, als plötzlich; *nisi* - wenn nicht; *etiamsi* - wenn auch, selbst wenn; *postquam* - nachdem, als; *ut* - wie; *dum* - während; *si* - wenn
10.2 1. *Marcus, ubi Davum vidit, statim clamavit:* - Sobald Marcus Davus sah, rief er sofort: (*ubi* - unterordnende Konjunktion); 2. *„Dave, ubi fuisti?"* - „Davus, wo bist du gewesen?" (*ubi* - Frage-Adverb)
10.3 *superbia* - Hochmut, Stolz
10.4 *milites* - Soldaten; *legio* - Legion; *copiae* - Truppen; *bellum parare* - zum Krieg rüsten; *oppidum circumdare* - die Stadt umzingeln; *pellere* - treiben, schlagen, vertreiben; *vincere* - siegen, besiegen; *triumphum agere* - einen Triumph feiern
10.5 *caedere* - schlagen - niederhauen - fällen
10.6 *adiuvo, adiuvi, adiuvare* - unterstützen, helfen; *pello, pepuli, pellere* - treiben, schlagen, vertreiben; *prodo, prodidi, prodere* - preisgeben, verraten, überliefern; *moveo, movi, movere* - bewegen, beeinflussen, hervorrufen
10.7 1: *vituperare* 2: *fingere* 3: *postquam* 4: *aut* 5: *profecto* 6: *etiamsi* 7: *sumere* 8: *satis* 9: *accusare* 10: *discere*

11.1 a) *divitiae* - Reichtum; *insidiae* - Hinterhalt, Anschlag; b) *copia* - Menge, Vorrat; *copiae* - Truppen; *littera* - Buchstabe; *litterae* - Brief, Wissenschaft(en)
11.2 *audacia* - Kühnheit, Verwegenheit
11.3 *Magna pericula imminent.* - Große Gefahren drohen.; *insidias parare* - einen Anschlag verüben, eine Falle stellen; *copias comparare* - Truppen beschaffen; *pax diuturna* - lang dauernder/dauerhafter Friede; *cuncti fere homines* - fast alle Menschen
11.4 *Miles imperium consulis exspectat.* - Der Soldat erwartet den Befehl des Konsuls.; *Augustus diu imperium tenebat.* - Augustus hatte lange die Herrschaft inne.; *Magnum erat imperium Romanum.* - Groß war das römische Reich.
11.5 *multum* - viel; *paulum* - wenig
11.6 1: Aufstand 2: beunruhigen 3: bekannt 4: nennen 5: Altar 6: Kuehnheit 7: privat 8: Ehre 9: leben 10: Erbe; Lösungswort: *elephantus*
11.7 *ego* - ich; *tu* - du; *alius* - ein anderer; *alter* - der eine/der andere (von zweien); *nos* - wir; *vos* - ihr; *alii* - die einen/die anderen
11.8 *occido, occidi, occidere* - niederschlagen, töten; *tribuo, tribui, tribuere* - zuteilen, zuweisen; *concedo, concessi, concedere* - zugestehen, einräumen, erlauben; *vivo, vixi, vivere* - leben
11.9 1. *Ara* ... - Der Altar steht vor dem Tempel. 2. ... *provincias* ... - Die Römer hatten viele Provinzen. 3. ... *regina* ... - Kleopatra war die Königin Ägyptens. 4. ... *heres* ... - Oktavian war der Erbe Cäsars. 5. ... *honores* ... - Die Senatoren erwiesen Oktavian Ehren. 6. ... *patrem* ... - Die Senatoren nannten Oktavian Vater des Vaterlands. 7. ... *nota* ... - Alles war mir bekannt/Ich wusste alles.

12.1 *vitam agere* - ein Leben führen, sein Leben verbringen; *vitam miseram vivere* - ein elendes/beklagenswertes Leben führen; *vitam amittere* - das Leben verlieren/sterben; *vita gaudere* - sich über das/am Leben freuen; *vita cedere* - aus dem Leben scheiden, sterben
12.2 *amica, domina, filia, magistra, mater, mulier, puella, regina, serva, soror, uxor*
12.3 *veniam* - *venia* - Subst. - Verzeihung, Nachsicht; *veni* - *venire* - Verb - kommen; *liberum* - *liber* - Adjektiv - frei, unabhängig; *librum* - *liber* - Subst. - Buch; *multo* - *multus* - Adjektiv - viel, zahlreich; *muto* - *mutare* - Verb - ändern, verändern, wechseln, vertauschen
12.4 *postquam* - nachdem; *ubi* - sobald; *dum* - während; *donec* - solange, (solange) bis; *cum* - als, als plötzlich/ (immer) wenn, als; *quod* - weil; *quamquam* - obwohl, obgleich; *si* - wenn; *nisi* - wenn nicht; *etiamsi* - auch wenn, selbst wenn
12.5 *parvus* - klein; *magnus* - groß
12.6 *uxorem ducere* - heiraten; *Marcum amicum ducere* - Marcus für einen Freund halten; *multos annos* - viele Jahre (lang); *mores asperi* - raue Sitten/harter Charakter; *Fave mihi, magna dea.* - Sei mir gnädig, große Göttin.; *Nihil magis opto.* - Nichts wünsche ich mehr/sehnlicher.
12.7 *Iulia genuit tres filios.* - Julia gebar drei Söhne/brachte drei Söhne auf die Welt.; *Terra genuit vinum.* - Die Erde hat den Wein hervorgebracht/wachsen lassen.; *Bellum genuit iram.* - Der Krieg hat Zorn erzeugt/hervorgerufen.
12.8 *duco, duxi, ducere* - führen, ziehen, halten für; *amitto, amisi, amittere* - aufgeben, verlieren; *gigno, genui, gignere* - erzeugen, hervorbringen, gebären; *removeo, removi, removere* - entfernen, wegschaffen
12.9 *nunc* - jetzt; *modo* - eben; *statim* - sofort; *mox* - bald; *postea* - später; *primo* - zuerst; *deinde* - dann, danach; *tum* - dann, darauf; *saepe* - oft; *iterum atque iterum* - immer wieder; *semper* - immer
12.10 *et* - und, auch; *etiam* - auch, sogar; *quoque* - auch; *et* - und, auch; *-que* - und; *atque/ac* - und

13.1 *oppidum condere* - eine Stadt gründen; *ante Romam conditam* - vor der Gründung Roms; *magnum opus* - ein großes Werk; *Senatores decreverunt:* ... - Die Senatoren haben beschlossen: ...; *veniam dare* - Gnade gewähren; *pecuniam reddere* - das Geld zurückgeben
13.2 *dare* - geben; *condere* - gründen; *tradere* - übergeben; *reddere* - zurückgeben
13.3 *agmen* - Heereszug
13.4 *nomine* - *nomen* - Subst. - Name; *nomino* - *nominare* - Verb - nennen; *regem* - *rex* - Subst. - König; *regnum* - *regnum* - Subst. - (Königs-) Herrschaft, Reich; *tempora* - *tempus* - Subst. - Zeit; *scelera* - *scelus* - Subst. - Verbrechen, Frevel
13.5 *lupus* - Wolf; *lacessere* - reizen, herausfordern; *laedere* - verletzen; *irridere* - verspotten; *iniuria* - Unrecht; *appropinquare* - sich nähern; *timere* - fürchten; *timor* - Furcht
13.6 *nepos* - Enkel; *avus* - Großvater
13.7 *pastor* - Hirte
13.8 *Quam miser sum!* - Wie unglücklich bin ich!; *Adiuvate me!* - Helft mir!; *Servate me!* - Rettet mich!
13.9 *aedificium* - Gebäude, *aedificare* - bauen; *diu* - lange, *diuturnus* - lang andauernd; *nomen* - Name, *nominare* - nennen; *rex* - König, *regnum* - (Königs-)Herrschaft, Reich; *ridere* - lachen, *irridere* - auslachen, verspotten; *iniustus* - ungerecht, *iniuria* - Unrecht

13.10 *laedo, laesi, laesum, laedere* - verletzen, stoßen; *decerno, decrevi, decretum, decernere* - beschließen; *trado, tradidi, traditum, tradere* - übergeben, überliefern; *expono, exposui, expositum, exponere* - ausstellen, aussetzen, darlegen; *lacesso, lacessivi, lacessitum, lacessere* - reizen, herausfordern

14.1 tüchtig, gut - *probus* - *bonus* - gut; Ehefrau, Gattin - *uxor* - *coniunx* - Gattin; Truppen - *copiae* - *vires* - Streitkräfte; da, damals, dann - *tum* - *deinde* - darauf, dann
14.2 *vix vis* - kaum Kraft
14.3 *viris* - *vir* - Subst. - Mann; *virium* - *vis* - Subst. - Kraft, Gewalt; *doleo* - *dolere* - Verb - Schmerz empfinden, bedauern; *dolo* - *dolus* - Subst. - List, Betrug; *duci* - *dux* - Subst. - Führer/in, Anführer/in, Feldherr; *duxi* - *ducere* - Verb - führen, ziehen, halten für
14.4 *ventus* - Wind
14.5 *comes* - Begleiter/in, Gefährte/Gefährtin; *coniunx* - Gatte/Gattin; *dux* - Führer/in, Anführer/in
14.6 *Africa trans mare sita est.* - Afrika liegt jenseits des Meeres.; *Trans mare navigo.* - Ich segele über das Meer.
14.7 *bellum* - Krieg; *pugna* - Schlacht; *pugnare* - kämpfen; *oppugnare* - belagern, bestürmen; *circumdare* - umgeben, umzingeln; *moenia* - Stadtmauer, Mauer; *turris* - Turm; *expugnare* - erobern; *pellere* - treiben, schlagen, vertreiben; *vulnerare* - verwunden; *occidere* - niederschlagen, töten; *gladius* - Schwert; *fuga* - Flucht; *agitare* - treiben, jagen; *vincere* - siegen, besiegen; *victoria* - Sieg; *victor* - Sieger; *imperator* - Feldherr; *dux* - Anführer, Feldherr; *miles* - Soldat; *legio* - Legion; *copiae* - Truppen; *vires* - Streitkräfte
14.8 *Ecce, animal!* - Sieh da, ein Tier!; Oh yes, an animal! (engl.) - Oh ja, ein Tier!
14.9 *ventis adversis* - durch ungünstige Winde/Gegenwind; *dolo pugnare* - mit List kämpfen; *fugam capessere* - die Flucht ergreifen; *voluntas deorum* - der Wille der Götter
14.10 *magnae turres* - große Türme; *summa turris* - der höchste Turm
14.11 *deleo, delevi, deletum, delere* - zerstören, vernichten; *abduco, abduxi, abductum, abducere* - wegführen, abbringen; *moneo, monui, monitum, monere* - mahnen, auffordern, erinnern, warnen; *evado, evasi, evasum, evadere* - entkommen; *maneo, mansi, mansum, manere* - bleiben, warten, erwarten

15.1 *dolere* - Schmerz empfinden; *filius* - Sohn; *opprimere* - überfallen, überwältigen; *capessere* - ergreifen, packen; *periculum* - Gefahr; *sacerdos* - Priester; *circumdare* - umzingeln; *monstrum* - Ungeheuer; *vis* - Kraft, Gewalt; *timor* - Furcht; *nex* - (gewaltsamer) Tod; *laborare* - sich anstrengen, leiden; *occidere* - töten; *vulnerare* - verletzen
15.2 *Laocoon ceteris prudentia praestitit.* - Laokoon übertraf die Übrigen an Klugheit.; *Titus se bonum amicum praestitit.* - Titus erwies sich als guter Freund.; *Populus consuli honorem praestitit.* - Das Volk erwies dem Konsul die Ehre.
15.3 *Iuvat multos libros legisse.* - Es macht Spaß, viele Bücher zu lesen.; *Placet* ... - Es gefällt...; *Licet* ... - Es ist möglich/erlaubt ...; *Apparet te multos libros legisse.* - Es ist offensichtlich, dass du viele Bücher gelesen hast.; *Constat* ... - Es steht fest ...
15.4 *credo, credidi, creditum, credere* - glauben, anvertrauen; *statuo, statui, statutum, statuere* - aufstellen, festsetzen, beschließen; *mitto, misi, missum, mittere* - schicken, gehen lassen, werfen; *opprimo, oppressi, oppressum, opprimere* - unterdrücken, überfallen, überwältigen; *accurro, accurri, accursum, accurrere* - herbeieilen
15.5 *fraus* - Täuschung, Betrug; *dolus* - List, Betrug; *insidiae* - Hinterhalt, Anschlag; *iniuria* - Unrecht, Ungerechtigkeit; *scelus* - Verbrechen, Frevel; *nex* - (gewaltsamer) Tod, Mord; *vulnerare* - verwunden; *laedere* - verletzen, stoßen; *prodere* - preisgeben, verraten
15.6 *trahere* - ziehen; *equus* - Pferd
15.7 *affirmare* - bekräftigen, bestätigen, behaupten; *negare* - leugnen, bestreiten, verweigern
15.8 *scire* - wissen, verstehen; *nescire* - nicht wissen, nicht verstehen; *miser* - elend; *misericordia* - Mitleid, Barmherzigkeit; *firmus* - stark, fest, zuverlässig; *affirmare* - bekräftigen, bestärken, behaupten; *stare* - stehen; *constare* - feststehen, bestehen (aus); *praestare* - voranstehen, übertreffen
15.9 *misericordia motus* - von Mitleid bewegt/aus Mitleid; *in silvis latere* - in den Wäldern verborgen sein; *Portae patent.* - Die Tore stehen offen.; *iniuriam punire* - das Unrecht bestrafen; *de pace cogitare* - an Frieden denken; *Milites in castris sunt.* - Die Soldaten sind im Lager.
15.10 *Marcum pro amico habeo./Marcum amicum puto.* - Ich halte Marcus für einen Freund.
15.11 *praecipitare* - sich kopfüber stürzen

16.1 *orbis terrarum* - Erdkreis, Welt; *victis parcere* - die Besiegten schonen; *sedes beatae* - Gefilde der Seligen; *patri parere* - dem Vater gehorchen; *inimicis nocere* - den Gegnern schaden; *suo tempore* - zu seiner Zeit, zur rechten Zeit
16.2 *orbis* - Kreis
16.3 (Königs-)Herrschaft, Reich - *regnum* - *regnare* - König sein, (als König) herrschen; Sitz, Wohnsitz - *sedes* - *sedere* - sitzen; Geschlecht, Stamm, Volk - *gens* - *gignere* - erzeugen, hervorbringen, gebären; Schiff - *navis* - *navigare* - (zur See) fahren, segeln; Leben - *vita* - *vivere* - leben; Anführer/in, Führer/in - *dux* - *ducere* - führen; Grenze, Ende, Ziel - *finis* - *finire* - begrenzen, beenden; Hochmut, Stolz - *superbia* - *superbus* - hochmütig, stolz; der erste - *primus* - *imprimis* - besonders, vor allem
16.4 *memoriae prodere* - berichten, überliefern; *memoria tenere* - im Gedächtnis behalten; *memoriam perdere* - die Erinnerung verlieren
16.5 *deus* - Gott; *dea* - Göttin; *fatum* - Schicksal, Götterspruch; *sors* - Schicksal, Los; *orare* - beten; *vovere* - geloben; *votum* - Gelübde, Opfergabe; *sacrificium* - Opfer; *oraculum rogare* - das Orakel befragen; *deos conciliare* - die Götter geneigt machen; *protegere* - schützen, beschützen; *adiuvare* - helfen, unterstützen; *sacerdos* - Priester/in; *vates* - Seher/in, Prophet/in; *monstrum* - Wunderzeichen; *oraculum* - Orakel(stätte), Götterspruch; *templum* - Tempel; *ara* - Altar; *simulacrum* - Götterbild
16.6 *Romulus urbem Romam condet.* - Romulus wird die Stadt Rom gründen.; *Aeneas auctor novae gentis erit.* - Äneas wird der Begründer eines neuen Geschlechts sein.; *Brutus in civitate libera primus consul erit.* - Brutus wird in dem freien Staat/in der Republik der erste Konsul sein.
16.7 *pono, posui, positum, ponere* - stellen, setzen, legen; *parco, peperci, —, parcere* - (jmdn.) schonen, (an/mit etw.) sparen; *descendo, descendi, descensum, descendere* - herabsteigen, herabkommen; *duco, duxi, ductum, ducere* - führen; *mitto, misi, missum, mittere* - schicken, gehen lassen, werfen

17.1 *oppidum capere* - die Stadt erobern; *castra hostium capere* - das Lager der Feinde einnehmen; *consilium capere* - einen Beschluss fassen; *naves capere* - die Schiffe kapern
17.2 *non* - nicht; *nihil* - nichts; *nemo* - niemand; *non iam* - nicht mehr; *neque* - und nicht, auch nicht, aber nicht; *nullus* - keiner; *numquam* - niemals
17.3 *vim facere* - Gewalt ausüben; *pacem facere* - Frieden schließen; *iniuriam facere* - Unrecht antun; *verba facere* - sprechen, eine Rede halten
17.4 *vita* - Leben; *anima* - Atem, Seele, Leben; *vivere* - leben; *parere* - hervorbringen, gebären
17.5 *iacere, iaceo, iacui* - liegen, daliegen; *iacere, iacio, ieci, iactum* - werfen, schleudern
17.6 *rex* - König; *princeps* - erster Mann, Fürst; *imperator* - Kaiser
17.7 *Milites se recipiunt.* - Die Soldaten ziehen sich zurück.

17.8 *Nuntius nuntiat.* - Der Bote meldet/teilt mit.; *curam adhibere* - Sorgfalt anwenden; *victoriam parere* - den Sieg erringen; *vita privare* - des Lebens berauben/töten; *oppidum hostium diripere* - die Stadt der Feinde plündern; *causam cognoscere* - den Grund erkennen; *Tarquinius magna cum crudelitate regnavit.* - Tarquinius herrschte mit großer Grausamkeit.
17.9 *cognoscere* - erkennen, bemerken, kennen lernen
17.10 töten - *interficere* - *occidere* - niederschlagen, töten; zerstören, vernichten - *delere* - *diripere* - plündern, zerstören; wünschen - *optare* - *cupere* - begehren, verlangen, wünschen; verwunden - *vulnerare* - *laedere* - verletzen, verwunden
17.11 *cupio, cupivi, cupitum, cupere* - begehren, verlangen, wünschen; *cognosco, cognovi, cognitum, cognoscere* - erkennen, bemerken, kennen lernen; *facio, feci, factum, facere* - tun, machen, herstellen; *fugio, fugi, —, fugere* - fliehen, meiden
17.12 fliehen, meiden - *fugere* - *fuga* - Flucht; melden, mitteilen - *nuntiare* - *nuntius* - Bote, Nachricht; begehren, verlangen, wünschen - *cupere* - *cupidus* - begierig (nach)

18.1 *salus communis* - das öffentliche Wohl/Gemeinwohl; *fabulam narrare* - eine Geschichte erzählen; *Qua de causa id fecisti?* - Weshalb hast du das gemacht?; *Bono consilio opus est.* - Ein guter Rat ist nötig.; *homo prudens* - ein kluger Mensch; *decem annis post* - zehn Jahre später
18.2 *omnibus* - für alle
18.3 *lex* - Gesetz; *ius* - Recht; *iudicium* - Gericht, Gerichtshof, Urteil
18.4 *equus* - Pferd; *eques* - Ritter, Reiter
18.5 *legatus* - Gesandter
18.6 *describo, descripsi, descriptum, describere* - abschreiben, beschreiben, bestimmen; *consulo, consului, consultum, consulere* - um Rat fragen, beratschlagen (mit), sorgen (für); *perficio, perfeci, perfectum, perficere* - durchsetzen, vollenden; *moveo, movi, motum, movere* - bewegen, beeinflussen, hervorrufen; *corrigo, correxi, correctum, corrigere* - berichtigen, verbessern
18.7 *tria + quinque = octo; quattuor + quinque = novem; decem - sex = quattuor; duodecim - novem = tria; octo - duo = sex*
18.8 *Patres: „De pace consulemus.“* - Die Senatoren sagen: „Wir werden über den Frieden beratschlagen."; *Amici: „Miseris hominibus consulemus.“* - Die Freunde sagen: „Wir werden für die armen Menschen sorgen."; *Sacerdotes: „Oraculum consulemus.“* - Die Priester sagen: „Wir werden das Orakel um Rat fragen."
18.9 *ira* - Zorn, Wut; *iratus* - zornig, wütend; *civitas* - Bürgerrecht, Bürgerschaft, Staat; *civis* - Bürger; *crudelitas* - Grausamkeit, Brutalität; *crudelis* - grausam, brutal; *consilium* - Rat, Beratung, Plan, Beschluss; *consulere* - um Rat fragen, beratschlagen; *facere* - machen, tun; *perficere* - durchsetzen, vollenden; *iudicium* - Gericht, Gerichtshof, Urteil; *ius* - Recht; *dicere* - sprechen
18.10 1. *crudelis* - grausam, brutal - *crudelitas* - Grausamkeit, Brutalität 2. *celer* - schnell - *celeritas* - Schnelligkeit 3. *brevis* - kurz - *brevitas* - Kürze 4. *utilis* - nützlich - *utilitas* - Nützlichkeit, Nutzen; *mortalis* - sterblich - *mortalitas* - Sterblichkeit
18.11 *ingens animal* - ein riesiges Tier
18.12 *pars* - Teil

19.1 *Tota urbe tumultus erat.* - In der ganzen Stadt war Aufruhr.; *in illo discrimine* - in jener gefährlichen Lage; *Milites salvi in castra se recipiunt.* - Die Soldaten ziehen sich unverletzt ins Lager zurück.; *pro certo habere* - für sicher halten; *multitudo hominum* - eine Menge Menschen; *impetum in hostes facere* - einen Angriff auf die Feinde machen; *et pater et mater* - sowohl der Vater als auch die Mutter
19.2 *eques* - Ritter, Reiter; *pedes* - Soldat zu Fuß, Infanterist
19.3 *caedo, cecidi, caesum, caedere* - fällen, niederschlagen, töten; *tollo, sustuli, sublatum, tollere* - emporheben, aufheben, beseitigen; *augeo, auxi, auctum, augere* - vermehren, vergrößern, fördern; *cogo, coegi, coactum, cogere* - sammeln, zwingen; *capio, cepi, captum, capere* - fassen, ergreifen, erobern
19.4 *constare* - feststehen; *constantia* - Standhaftigkeit, Beständigkeit; *firmus* - stark, fest, zuverlässig; *affirmare* - bekräftigen, bestätigen; *confirmare* - stärken, bekräftigen; *petere* - angreifen; *impetus* - Angriff; *publicus* - öffentlich; *publicum* - Öffentlichkeit
19.5 *clamorem tollere* - Geschrei erheben/in Geschrei ausbrechen; *timorem tollere* - die Furcht beseitigen; *legem tollere* - ein Gesetz aufheben/für ungültig erklären
19.6 *custos* - Wächter
19.7 1 erobern 2 Heer 3 Feind 4 zerstoeren 5 Soldat zu Fuß 6 Ansturm 7 Verbuendeter 8 Truppen 9 Niederlage; Lösungswort: *imperator*
19.8 *senatus; senatores; curia; dictator; magistratus; duo consules; praetores; aediles; quaestores; tribuni plebis*
19.9 mille lire (ital.) - 1000 Lire
19.10 *discrimen* - Unterschied; gefährliche Lage

20.1 *animal* - Lebewesen; *caelum* - Himmel, Klima; *ventus* - Wind, Sturm; *mons* - Berg; *equus* - Pferd; *silva* - Wald; *hortus* - Garten; *bestia* - (wildes) Tier; *flumen* - Fluss; *ager* - Acker, Feld, Gebiet; *mare* - Meer; *terra* - Land, Erde; *lupus* - Wolf
20.2 *gloria* - Ruhm; *honos* - Ehre, Ehrenamt; *lumen* - Licht, Glanz; *decus* - Schmuck, Zierde, Ehre, Würde
20.3 *liber* - frei, unabhängig, *libertas* - Freiheit; *vir* - Mann, *virtus* - Tapferkeit, Tüchtigkeit, gute Eigenschaft, Tugend
20.4 *perdo, perdidi, perditum, perdere* - vernichten, verlieren; *adsum, affui, —, adesse* - anwesend sein, beistehen; *vinco, vici, victum, vincere* - siegen, besiegen; *sono, sonui, —, sonare* - ertönen, erklingen, klingen; *vincio, vinxi, vinctum, vincere* - binden, fesseln
20.5 *non invenire* - nicht finden; *non cognoscere* - nicht erkennen/bemerken; *non debere* - nicht dürfen (Bedeutungsänderung); *non dubitare* - nicht zögern/zweifeln; *non ignorare* - wohl wissen, gut kennen (Bedeutungsänderung); *non observare* - nicht beobachten / einhalten
20.6 Au - *aurum* - Gold; Ag - *argentum* - Silber, Geld
20.7 *tuba* - Trompete, Tuba; *imperator* - Feldherr, Herrscher, Kaiser; *imago* - Bild, Abbild; *captivus* - Gefangener; *miles* - Soldat; *vincire* - binden, fesseln; *eques* - Reiter, Ritter; *praeda* - Beute; *currus* - Wagen; *equus* - Pferd; *elephantus* - Elefant; *diripere* - plündern, zerstören; *portare* - tragen, bringen
20.8 Tuba von *tuba* - Trompete, Tuba; Opus von *opus* - Werk, Arbeit; Sonate von *sonare* - tönen, klingen; Solist von *solus* - allein, bloß; Tempo von *tempus* - Zeit, Zeitpunkt; Altstimme von *altus* - hoch, tief
20.9 *genus nobile* - Adelsgeschlecht; *hostes superare* - die Feinde besiegen / die Feinde übertreffen; *Imperator milites appellat.* - Der Feldherr redet seine Soldaten an.; *Carmina sonant.* - Die Lieder erklingen.; *Victores victos vinciunt.* - Die Sieger fesseln die Besiegten.
20.10 *animal atrox* - ein schreckliches/furchtbares/wildes Tier/Lebewesen; *terrere* - (jmdn.) erschrecken

21.1 *ubi?* - wo?; *ibi* - da, dort; *unde?* -woher?; *inde* - von da, von dort; *cur?* - warum?; *itaque* - deshalb
21.2 *corpus* - Körper; *crinis* - Haar
21.3 *nauta* - Seemann, Matrose; *pirata* - Seeräuber; *navis* - Schiff; *navigare* - (zur See) fahren, segeln
21.4 *dispono, disposui, dispositum, disponere* - verteilen, ordnen; *committo, commisi, commissum, committere* - zustande bringen; anvertrauen; *emo, emi, emptum, emere* - nehmen, kaufen; *iubeo, iussi, iussum, iubere* - beauftragen, (jmdm.) befehlen; (m.Inf.:) lassen; *defendo, defendi, defensum, defendere* - verteidigen, abwehren
21.5 *Labyrinthus. Hic habitat Minotaurus.* - Das Labyrinth. Hier wohnt der Minotaurus. (Graffito aus Pompeji; Minotaurus - griech. Sagengestalt, teils Mensch, teils Stier)

21.6 *vituperare* - tadeln; *coercere* - einschränken, zügeln, strafen; *punire* - bestrafen, rächen; *caedere* - fällen, niederhauen; schlagen
21.7 herausgehen, entrinnen - *evadere* - *effugere* - entfliehen, entkommen; töten - *necare* - *occidere* - niederschlagen, töten; eben (erst), gerade, bald, nur - *modo* - *tantum* - nur, bloß
Gefecht, Schlacht - *proelium* - *pugna* - Kampf
21.8 *tardus* - langsam, träge, spät; *celer* - schnell, rasch; *durus* - hart, unempfindlich; *fortis* - tapfer, mutig, stark; *turpis* - hässlich, schändlich
21.9 *nuper* - neulich; *emere* - kaufen; *vehemens* - heftig; *defendere* - verteidigen; *clemens* - sanft; *tantum* - bloß; Lösungswort: *fortis*
21.10 *proelium committere* - ein Gefecht beginnen; *e carcere effugere* - aus dem Gefängnis entfliehen/entkommen; *clementer consulere in captivos* - nachsichtig vorgehen gegen die Gefangenen
21.11 *Libros lego.* - Ich lese Bücher.; *Per silvam ambulo.* - Ich gehe durch den Wald.; *Cum amicis ludo.* - Ich spiele mit den Freunden.; *Fortis sum.* - Ich bin tapfer.; *Cuncta scio.* - Ich weiß alles.; *semper* - immer; *saepe* - oft; *interdum* - manchmal; *numquam* - niemals
21.12 *maestus* - traurig, betrübt; *tristis* - traurig; *flere* - weinen, beklagen; *laetus* - froh, fröhlich; *ridere* - lachen, auslachen; *gaudere* - sich freuen
21.13 *umquam* - jemals, *numquam* - niemals; *ille* - jener, *mille* - tausend; *ex* - aus, von ... aus, von ... an - *rex* - König; *lumen* - Licht, Glanz, *flumen* - Fluss, Strom
21.14 *ceteri* - die übrigen, *ceterum* - übrigens, im Übrigen; *nex* - (gewaltsamer) Tod, Mord, *necare* - töten

22.1 *sine me* - ohne mich - Lass mich!
22.2 *adversus* - gegen, gegenüber; *praeter* - an ... vorbei; außer
22.3 beunruhigen, aufwiegeln - *sollicitare* - *sollicitudo* - Unruhe, Besorgnis; arbeiten, sich anstrengen - *laborare* - *labor* - Mühe, Anstrengung, Arbeit; fühlen, empfinden; merken; meinen - *sentire* - *sententia* - Meinung, Ansicht; Satz, Sinn; bestrafen, rächen - *punire* - *poena* - Strafe, Buße; begierig nach - *cupidus* - *cupiditas* - Begierde, Leidenschaft; tot, gestorben - *mortuus*/sterblich - *mortalis* - *mors* - Tod; grausam, brutal - *crudelis* - *crudelitas* - Grausamkeit, Brutalität
22. 4 *misceo, miscui, mixtum, miscere* - mischen, verwirren, in Aufruhr versetzen; *sino, sivi, situm, sinere* - lassen, zulassen; *sentio, sensi, sensum, sentire* - fühlen, empfinden, merken, meinen; *effugio, effugi, —, effugere* - entfliehen, entkommen; *dico, dixi, dictum, dicere* sagen, sprechen, nennen
22.5 *ita* - so, *itaque* - deshalb; *ubi* - wo, *ubique* - überall; *at* - aber, jedoch, *atque* - und, und auch; *non* - nicht, *neque* - und nicht, auch nicht, aber nicht
22.6 Unrecht, Frevel - *nefas* - *iniuria* - Unrecht, Ungerechtigkeit; (völlig) verwirren, beunruhigen - *perturbare* - *miscere* - mischen, verwirren, in Aufruhr versetzen; so - *ita* - *tam* - so
22.7 *spatium* - Raum, Strecke - Zeitraum
22.8 *sentire* - fühlen, empfinden; merken; meinen
22.9 *nullo modo* - keineswegs, keinesfalls; *odio moveri* - hassen; *Miseros a nobis adiuvari oportet.* - Wir müssen die Armen unterstützen.; *in sententia perseverare* - auf der Meinung beharren
22.10 *culpa* - Schuld; *damnum* - Verlust; *demum* - endlich; *quietus* - gelassen; *senectus* - Alter; *ratio* - Vernunft; *sollicitare* - beunruhigen
22.11 *Cave, ne damnum capias!* - Hüte dich davor, Schaden zu erleiden!; *Timemus, ne pecuniam amittas, nisi cavebis.* - Wir fürchten, dass du Geld verlierst, wenn du dich nicht in Acht nimmst/nehmen wirst.

23.1 *manus* - Hand, Handvoll, Schar
23.2 *stat* - er/sie/es steht; *considit* - er/sie/es setzt sich; *sedet* - er/sie/es sitzt; *iacet* - er/sie/es liegt
23.3 Furcht, Angst - *metus* - *timere* - fürchten, besorgt sein; Tempel - *aedis* - *templum* - Tempel; gehorchen - *obtemperare* - *parere* - gehorchen; Feind - *inimicus* - *adversarius* - Gegner, Feind
23.4 *his verbis commotus* - durch diese Worte veranlasst; *his causis adductus* - durch diese Gründe veranlasst; *facultas fugae* - die Möglichkeit zur Flucht; *Vires me defuerunt.* - Mir fehlten die Kräfte.; *Id a me impetrare non potes.* - Das kannst du von mir nicht erreichen/bei mir nicht durchsetzen.; *Meum propositum est multa discere.* - Meine Absicht ist viel(es) zu lernen.
23.5 *pro* und *contra* sprechen - für etwas/dafür und gegen etwas/dagegen sprechen; etwas *publik* machen - etw. öffentlich machen
23.6 *caput* - Kopf; *crinis* -Haar; *vultus* - Gesichtsausdruck, Miene; *manus* - Hand; *corpus* - Körper
23.7 *timere* - fürchten; *timor* - Furcht; *terrere* - (jmdn.) erschrecken; *terror* - Schrecken, Angst; *horrere* - schaudern, sich entsetzen (vor); *horror* - Schauder, Entsetzen
23.8 *adduco, adduxi, adductum, adducere* - heranführen, veranlassen; *abicio, abieci, abiectum, abicere* - wegwerfen, herabwerfen; *agnosco, agnovi, agnitum, agnoscere* - (wieder)erkennen, anerkennen; *desum, defui, —, deesse* - fehlen, mangeln; *permoveo, permovi, permotum, permovere* - heftig bewegen
23.9 *hospes* - Gast, Gastgeber; Fremder; *hostis* - Feind
23.10 *Me adiuvisti.* - Du hast mir geholfen.; *Gratias tibi ago.* - Ich danke dir.
23.11 *lectus* - Bett, Liege
23.12 *adversus* - gegen, gegenüber, *adversarius* - Gegner, Feind; *spectare* - sehen, anschauen, betrachten, *aspectus* - Anblick; *facilis* - leicht, mühelos, *facultas* - Möglichkeit, Fähigkeit; *cognoscere* - erkennen, bemerken, kennen lernen, *agnoscere* - (wieder)erkennen, anerkennen; *esse* - sein, *adesse* - anwesend sein, beistehen, *deesse* - fehlen, mangeln; *constare* - feststehen, bestehen (aus), kosten, *constantia* - Standhaftigkeit, Beständigkeit, *constans* - standhaft, fest; *terrere* - (jmdn.) erschrecken, *deterrere* - abschrecken, zurückschrecken
23.13 Fe - *ferrum* - Eisen

24.1 besteigen - *conscendere* - *descendere* herabsteigen, herabkommen; *postquam* nachdem, als - *priusquam* bevor, ehe
24.2 *bellum conficere* einen Krieg beenden; *iter conficere* einen Weg zurücklegen; *proelium conficere* - eine Schlacht beenden; *hostem conficere* - den Feind erledigen/töten; *libros conficere* - Bücher anfertigen/verfassen
24.3 *caput* - Kopf; *crinis* - Haar; *vultus* - Gesichtsausdruck, Miene; *manus* - Hand; *corpus* - Körper; *dens* - Zahn
24.4 *premi, pressi, pressum, premere* - drücken, bedrängen; *dedo, dedidi, deditum, dedere* - hingeben, ausliefern; widmen; *traicio, traieci, traiectum, traicere* - übersetzen, überqueren; *conficio, confeci, confectum, conficere* - vollenden, erledigen; *cado, cecidi, —, cadere* - fallen
24.5 *incredibili celeritate* - mit unglaublicher Schnelligkeit; *iter periculosum* - ein gefährlicher Weg; *de natura deorum disputare* - über das Wesen der Götter diskutieren; *summa cum laude* - mit höchstem Lob; *flumen traicere* - den Fluss überqueren; *Victi se dediderunt.* - Die Besiegten haben sich ausgeliefert.
24.6 *supplex* - demütig, flehend
24.7 *Hostes milites Romanos fugaverunt.* - Die Feinde haben die römischen Soldaten in die Flucht geschlagen/vertrieben.; *Milites Romani hostes fugerunt.* - Die römischen Soldaten flohen vor den Feinden.
24.8 1: *cadere* - fallen; 2: *priusquam* - ehe; 3: *premere* - bedrängen; 4: *classis* - Flotte 5: *admiratio* - Staunen; 6: *laus* - Lob; 7: *obsidere* - belagern; 8: *habitus* - Zustand; 9: *hiems* - Winter; 10: *dedere* - ausliefern
24.9 *hiems* - Winter

24.10 a) *oraculum* b) *fatum* c) *fortuna* d) *deus* e) *vates* f) *religio* g) *ara* h) *omen* i) *sors* k) *sacerdos*
24.11 *Salutem militum parum respexit.*- Er berücksichtigte das Wohl seiner Soldaten zu wenig.(stimmt nicht); *Magna audacia fuit.* - Er war von großer Kühnheit/sehr kühn. (stimmt); *Saepe metu ominum deterritus est.* - Er ist oft aus Furcht vor (bösen) Vorzeichen zurückgeschreckt. (stimmt nicht); *Salus militum ei magnae curae erat.* - Das Wohl seiner Soldaten lag ihm sehr am Herzen. (stimmt); *Omnia incredibili celeritate confecit.* - Er hat alles mit unglaublicher Schnelligkeit erledigt. (stimmt); *Fortuna ei non favit.* -Das Schicksal war ihm nicht gewogen/hat ihn nicht begünstigt. (stimmt nicht); *Civibus suis magnae admirationi fuit.* - Er hat bei seinen Mitbürgern große Bewunderung hervorgerufen. (stimmt); Lösungswort: *VENIT VIDIT VICIT.*

25.1 anwesend sein, beistehen - *adesse* - *abesse* - abwesend sein, entfernt sein, fehlen; lieben - *amare* - *odisse* - hassen; kennen, wissen - *novisse* - *ignorare* - nicht wissen, nicht kennen; stehen - *stare* - *ire* - gehen
25.2 *respicio, respexi, respectum, respicere* - zurückschauen, berücksichtigen; *obsideo, obsedi, obsessum, obsidere* - belagern, besetzt halten; *conscendo, conscendi, conscensum, conscendere* - besteigen; *absum, afui, —, abesse* - abwesend sein, entfernt sein, fehlen; *credo, credidi, creditum, credere* - glauben, anvertrauen
25.3 *Tenesne verba Davi memoria?* - Hältst du die Worte des Davus im Gedächtnis/Erinnerst du dich an die Worte des Davus?; *Davi verborum memini.* - Ich erinnere mich an die Worte des Davus.; *Estne tibi notus ille Lucius?* - Ist dir jener Lucius bekannt/Kennst du jenen Lucius?; *Certe Lucium novi.* - Sicherlich kenne ich Lucius.; *Estne tibi odio Aulus?* - Hasst du Aulus?; *Aulum odi.* - Ich hasse Aulus.
25.4 *cantare* - singen
25.5 *flumen* - der Fluss, Strom; *ripa* - Ufer
25.6 *dulcis* - süß, angenehm
25.7 *Qualis dominus, talis servus.* - Wie der Herr, so der Sklave.; *Quot homines, tot sententiae.* - Wie viele Menschen, so viele Meinungen.; *res severa* - eine ernste Sache; *Ego aliis rebus delector quam tu.* - Ich werde von anderen Dingen erfreut als du.
25.8 *caput* - Kopf; *crinis* - Haar; *corpus* - Körper; *vultus* - Gesichtsausdruck, Miene; *manus* - Hand; *dens* - Zahn; *facies* - Gesicht
25.9 gern - *libenter*; es gehört sich - *decet*; allzu sehr - *nimis*; trinken - *potare*; quälen - *vexare*; wahr, echt - *verus*
25.10 *vino abstinere* - sich vom Wein fern halten/auf Wein verzichten; *abire* - weggehen, abtreten; *abicere* - wegwerfen, herabwerfen
25.11 a) *hodie;* b) *annus;* c) *tempus;* d) *hora;* e) *quotannis;* f) *dies;* g) *spatium*
25.12 *abesse* - abwesend sein, entfernt sein, fehlen; *adesse* - anwesend sein, beistehen; *deesse* - fehlen, mangeln; *superesse* - übrig sein, (jmdn.) überleben
25.13 *I mecum eo!* Geh mit mir dorthin!; *Eo cum eo eo.* - Ich gehe mit ihm dorthin.
25.14 *memoria* - Gedächtnis, Erinnerung, *meminisse* - sich erinnern, denken (an); *omnis* - all(es), ganz, jeder; *omnino* - gänzlich, überhaupt

26.1 *Cave canem.* - Hüte dich vor dem Hund/Vorsicht bissiger Hund.
26.2 *arma* - Waffen; *castra* - Lager; *divitiae* - Reichtum
26.3 *caput* - Kopf; *crinis* - Haar; *corpus* - Körper; *vultus* - Gesichtsausdruck, Miene; *manus* - Hand; *dens* - Zahn; *facies* - Gesicht; *pes* - Fuß
26.4 *iter tenere* - den Weg einhalten; *iter habere* - auf dem Weg sein/eine Reise vorhaben; *iter facere* - eine Reise/einen Marsch machen/reisen, marschieren; *iter conficere* - einen Weg zurücklegen
26.5 *quam celerrime* möglichst schnell; *celerius quam* - schneller als; *nihil aliud quam* - nichts anderes als
26.6 *severus* - ernst, streng; *ferox* - wild, trotzig; *immanis* - ungeheuer, riesig, schrecklich; *longus* - lang; *brevis* - kurz; *maximus* - der größte, sehr groß
26.7 *rapio, rapui, raptum, rapere* - rauben, fortreißen; *fallo, fefelli,—, fallere* - täuschen; *exstruo, exstruxi, exstructum, exstruere* - aufschichten, errichten; *transeo, transii, transitum, transire* - hinübergehen, überschreiten; *detego, detexi, detectum, detegere* - aufdecken, entdecken
26.8 *petere; adire; temptare*
26.9 *ignis* - Feuer
26.10 a) *transire* - hinübergehen, überschreiten; b) *redire* - zurückgehen, zurückkehren; c) *periculum subire* - eine Gefahr auf sich nehmen; d) *amicam adire* - die Freundin aufsuchen/besuchen; e) *consilium inire* - einen Beschluss fassen; f) *mortem obire* - sterben; g) *inire* - hineingehen; *exire* - hinausgehen
26.11 *exstruere* - aufschichten, errichten
26.12 *pauci* - wenige; *complures* - mehrere, ziemlich viele; *cuncti* - alle
26.13 *detegere* - aufdecken, entdecken, *tectum* - Dach, Haus; *diripere* - plündern, zerstören, *rapere* - rauben, fortreißen; *caedere* - niederhauen, schlagen, *caedes* Mord, Blutbad; *pedes* - Infanterist, Soldat zu Fuß, *pes* - Fuß
26.14 *fraudem adhibere* - täuschen - *fallere* - täuschen; *pedibus per silvam ire* - mit den Füßen/zu Fuß durch den Wald gehen - *ambulare* - spazieren gehen; *desertus* - verlassen - *vastus* - wüst, öde, unermesslich

27.1 richten, (be)urteilen - *iudicare* - *iudicium* - Gericht, Gerichtshof, Urteil/ *ius* - Recht/ *iustus* - gerecht, rechtmäßig; golden - *aureus* - *aurum* - Gold; weise, vernünftig - *sapiens* - *sapientia* - Weisheit, Verstand
27.2 *imperator* - Feldherr, Herrscher, Kaiser; *imperium* - Befehl, Herrschaft, Reich; *imperare* - befehlen, herrschen; *rex, regina* - König, Königin; *regnum* - Königreich, (Königs-)Herrschaft; *regnare* - König sein, (als König) herrschen; *regere* - lenken, leiten, beherrschen
27.3 *ops* - Kraft, Stärke, Hilfe, *opes* - Reichtum, Einfluss; *aedis* - Tempel, *aedes* Haus; *copia* - Vorrat, Menge, *copiae* Truppen, Streitkräfte; *bonum* - Gut, *bona* - Güter, Hab und Gut; *littera* - Buchstabe, *litterae* - Brief, Wissenschaft(en); *mos* - Sitte, Brauch, Art, *mores* Charakter, Verhalten; *vis* - Gewalt, Kraft, Menge, *vires* - Kräfte, Streitkräfte
27.4 *pecuniam accipere* - Geld annehmen/sich bestechen lassen/Geld kassieren; *hospitem accipere* - einen Gast empfangen; *verba accipere* - Worte vernehmen/hören
27.5 *primo* - zuerst, zunächst, anfangs; *deinde* - von da an, darauf, dann; *tum* - da, dann, darauf, damals; *postremo* - zuletzt, schließlich
27.6 *dare* - geben; *accipere* - empfangen
27.7 *munus:* 1. Amt, Beamter - *magistratus;* 2. Dienstleistung, Dienst, Pflicht - *officium;* 3. Geschenk, Gabe - *donum; vindicare:* 1. befreien - *liberare;* 2. bestrafen - *punire;* 3. beanspruchen
27.8 *adulescens* - junger Mann
27.9 1: *forma* - Gestalt; 2: *potens* - mächtig; 3: *pernicies* - Verderben; 4: *quondam* - einst; 5: *beneficium* - Wohltat; 6: *invitare* - einladen; 7: *praemium* - Belohnung; 8: *medium* - Mitte
27.10 *contingit* - es gelingt; *praestat* - es ist besser; *decet* - es gehört sich
27.11 *rego, rexi, rectum, regere* - lenken, leiten, beherrschen; *contingo, contigi, contactum, contingere* - berühren, erreichen, zuteil werden; *sperno, sprevi, spretum, spernere* - verschmähen, ablehnen; *accipio, accepi, acceptum, accipere* - annehmen, empfangen, vernehmen; *promitto, promisi, promissum, promittere* - versprechen
27.12 versprechen, in Aussicht stellen - *spondere* - *promittere* - versprechen; dann, damals - *tunc* - *tum* - da, dann, darauf, damals; Frau - *femina* - *mulier* - Frau, Ehefrau, Weib; Tür, Eingang - *ianua* - *porta* - Tor; Kraft, Stärke, Hilfe - *ops* - *vis* - Gewalt, Kraft, Menge

28.1 männliche Personen: *vates* - Seher, Prophet; *custos* - Wächter, Wärter; *nauta* - Seemann, Matrose; *plebeius* - Plebejer; *princeps* - erster Mann, Fürst; *captivus* - Gefangener; *poeta* - Dichter; *sacerdos* - Priester; *pirata* - Seeräuber; *hospes* - Gast, Gastgeber, Fremder; *servus* - Sklave; *eques* - Reiter, Ritter; die restlichen Substantive: *litus* - Küste, Strand; *femina* - Frau; *lectus* - Bett, Liege; *vulnus* - Wunde; *matrona* - (verheiratete) Frau, Matrone; *senectus* - (hohes) Alter; *mundus* - Welt, Weltall; *lex* - Gesetz
28.2 *avis* - Vogel
28.3 ungern, unfreiwillig - *invitus* - *libenter* - gern, mit Vergnügen; Tag - *dies* - *nox* - Nacht; Milde, Nachsicht, - *clementia* - *crudelitas* - Grausamkeit, Brutalität
28.4 *omnes vires contendere* - alle Kräfte anstrengen; *cum hostibus contendere* - mit den Feinden kämpfen; *hoc contendere* - das behaupten; *Romam contendere* - nach Rom eilen
28.5 *ardere* - brennen, glühen
28.6 Dank, Gnade, Beliebtheit - *gratia* - *gratus* - dankbar, angenehm, willkommen; Milde, Nachsicht - *clementia* - *clemens* - mild, sanft, nachsichtig; Mensch - *homo* - *humanus* - menschlich, gebildet; Wunde - *vulnus* - *vulnerare* - verwunden; Geschlecht, Gattung, Art - *genus* - *gignere* - erzeugen, hervorbringen, gebären; Gesundheitszustand, Gesundheit - *valetudo* - *valere* - gesund sein, Einfluss haben
28.7 *carpo, carpsi, carptum, carpere* - abreißen, pflücken; *perago, peregi, peractum, peragere* - durchführen, verbringen; *volvo, volvi, volutum, volvere* - wälzen, rollen; *contendo, contendi, contentum, contendere* - sich anstrengen, eilen, kämpfen, behaupten; *ardeo, arsi, —, ardere* - brennen, glühen
28.8 *genus humanum* - das Menschengeschlecht; *condiciones accipere* - die Bedingungen annehmen; *saxum volvere* - den Stein wälzen; *viam flectere* - den Weg wenden/einen anderen Weg einschlagen; *vitam peragere* - das Leben verbringen/leben; *preces audire* - die Bitten anhören; *numina mundi sub terra siti* - die Gottheiten der Welt, unter der Erde befindlich/der Unterwelt; *Eurydica propter vulnus tardius iit.* - Eurydike ging wegen ihrer Wunde langsamer.
28.9 *flere* - weinen; *maestus* - traurig, betrübt; *tristis* - traurig; *lacrima* - die Träne
28.10 *Lucius primus, tum Marcus venit.* - Lucius kam als Erster, dann kam Marcus.; *Primo Lucius venit, postea Marcus.* - Zuerst kam Lucius, später Marcus.; *Marcus primum Carthaginem venit, Lucius saepius ibi fuit.* - Marcus kam zum ersten Mal nach Karthago, Lucius war schon öfter dort.
28.11 *si* - wenn; *sin* - wenn (aber); *nisi* - wenn nicht
28.12 *captare* - zu fangen suchen, jagen, fangen
28.13 *caput* - Kopf; *crinis* - Haar; *manus* - Hand; *corpus* - Körper; *vultus* - Gesichtsausdruck, Miene; *dens* - Zahn; *facies* - Gesicht; *pes* - Fuß; *oculus* - Auge
28.14 *carpere* - abreißen, pflücken

29.1 *fortis* - tapfer, *fortitudo* - Tapferkeit, Mut; *ignorare* - nicht wissen, nicht kennen, *ignarus* - unwissend, nichts ahnend; *solus* - allein, bloß, *solum* - allein, nur; *terrere* - (jmdn.) erschrecken, *terror* - Schrecken, Angst, *terribilis* - schrecklich, Furcht erregend; *via* - Weg, Straße, *obvius* - begegnend, entgegenkommend, *obviam* - entgegen; *aspicere* - erblicken, ansehen, *respicere* - zurückschauen, berücksichtigen, *conspicere* - erblicken
29.2 *occido, occidi, —, occidere* - untergehen, umkommen; *constituo, constitui, constitutum, constituere* - festsetzen, beschließen; *solvo, solvi, solutum, solvere* - lösen, befreien, zahlen; *invideo, invidi, invisum, invidere* - (jmdn.) beneiden; *conspicio, conspexi, conspectum, conspicere* - erblicken
29.3 *modo* - eben (erst), gerade, bald, nur, *tantum* - nur, bloß, *solum* - allein, nur; *statuere* - aufstellen, festsetzen, beschließen, *constituere* - festsetzen, beschließen
29.4 *adhuc* - noch (immer), bis jetzt
29.5 *scelus committere* - ein Verbrechen begehen; *obviam ire* - entgegen gehen; *Fuit aliquando rex ...* - Es war einmal ein König ...; *gravi morbo laborare* - an einer schweren Krankheit leiden; *Sphinx erat mirum monstrum* - Die Sphinx war ein sonderbares Ungeheuer.
29.6 *gravis* - schwer, gewichtig, ernst
29.7 *nihil* - nichts; *nemo* - niemand; *neque* - und nicht, auch nicht, aber nicht; *neve* - und (dass/damit) nicht; *nisi* - wenn nicht, außer; *nondum* - noch nicht
29.8 *puer* - Junge; *puella* - Mädchen, *adulescens* - junger Mann; *virgo* - Mädchen, (junge) Frau, *iuvenis* - junger Mann; *vir* - Mann, *mulier* - Frau; *senex* - alter Mann, Greis
29.9 1. *Aequalibus invidit.* - Er beneidete seine Altersgenossen. (stimmt nicht) 2. *Periboeam de origine sua rogavit.* - Er fragte Periböa nach seiner Herkunft. (stimmt) 3. *Verbis oraculi territus Corinthum vitavit.* - Von den Worten des Orakels erschreckt mied er Korinth. (stimmt) 4. *Carmen Sphingis non solvit.* - Er löste das Rätsel der Sphinx nicht. (stimmt nicht) 5. *Sphingem uxorem duxit.* - Er heiratete die Sphinx. (stimmt nicht) 6. *Auctorem calamitatis invenit.* - Er fand den Urheber des Unheils/Unglücks. (stimmt); Lösungswort: DELPHI
29.10 *sol* - die Sonne; *occidit* - sie geht unter; *meridie* - Mittag, Süden; *vesperi* - am Abend, abends
29.11 *invidere* - (jmdn.) beneiden

30.1 *vivere* - leben, *vivus* - lebend, zu Lebzeiten; *dolere* - Schmerz empfinden, *dolor* - Schmerz; *nox* - Nacht, *noctu* - nachts; *petere* - zu erreichen suchen, bitten, *expetere* - erstreben, verlangen, *repetere* - zurückverlangen; *custos* - Wächter, *custodire* - bewachen; *sumere* - nehmen, *absumere* - verbrauchen, vernichten
30.2 *resisto, restiti, —, resistere* - Widerstand leisten, sich widersetzen; *tego, texi, tectum, tegere* - decken, bedecken; *aperio, aperui, apertum, aperire* - öffnen, aufdecken; *repeto, repetivi, repetitum, repetere* - zurückverlangen, wiederholen; *deduco, deduxi, deductum, deducere* - hinführen, wegführen
30.3 *convocare* - zusammenrufen; *convenire* - zusammenkommen
30.4 lebend - *vivus* - *mortuus* - tot; schließen - *claudere* - *aperire* - öffnen; Erde, Boden - *humus* - *caelum* - Himmel
30.5 *spe deceptus* - in der Hoffnung getäuscht; *custodibus dispositis* - nach der/durch die Verteilung von Wachposten; *nihil audere* - nichts wagen
30.6 1. Sie hat die Brüder daran gehindert, miteinander zu kämpfen (stimmt nicht); 2. Sie hat ihren Vater aus Theben weggeführt. (stimmt); 3. Sie hat versucht ihren toten Bruder mit Erde zu bedecken. (stimmt); 4. Sie hat befohlen, dass die Leiche ihres Bruders den Hunden vorgeworfen werde/...die Leiche ... vorzuwerfen. (stimmt nicht); 5. Sie hat die Vorschriften Kreons missachtet. (stimmt) 6. Sie hat sich den Vorschriften Kreons nicht widersetzt. (stimmt nicht); 7. Sie hat verhindert, dass Hämon lebendig begraben wurde. (stimmt nicht); Lösungswort: *OEDIPUS*
30.7 *uter?* - wer/welcher von beiden?; *uterque!* - beide!

31.1 *multus* - *multitudo* - Vielzahl, Menge; *fortis* - *fortitudo* - Tapferkeit, Mut; *magnus* - *magnitudo* - Größe, Erhabenheit; *pulcher* - *pulchritudo* - Schönheit; *valere* - *valetudo* - Gesundheit, Gesundheitszustand; *sollicitare* - *sollicitudo* - Unruhe, Besorgnis
31.2 *servus* - Sklave, *servitus* - Sklaverei, Knechtschaft; *memoria* - Gedächtnis, Erinnerung, *commemorare* - erwähnen, berichten; *dominus* - Herr, *dominatus* - Herrschaft; *dives* - reich, *divitiae* - Reichtum; *potens* - mächtig, *potentia* - Macht

31.3 *Sole occidente Oedipus mirum monstrum aspexit.* - Bei Sonnenuntergang erblickte Ödipus ein merkwürdiges Ungeheuer.
31.4 *Necesse est cibos sumi ab hominibus.* - Es ist notwendig, dass von den Menschen Nahrung aufgenommen wird/dass die Menschen Nahrung zu sich nehmen./Die Menschen müssen notwendigerweise Nahrung zu sich nehmen.; *in sermone commemorare* - im Gespräch erwähnen
31.5 2 *gladius* - Schwert; 12 *cibus* - Speise, Nahrung; 4 *aspicere* - erblicken, ansehen; 5 *porrigere* - ausstrecken, darreichen; 8 *mensa* - Tisch; 7 *consistere* - sich hinstellen; 11 *ministrare* - bedienen, servieren; 3 *demonstrare* - zeigen; 9 *dominus* - Herr; 10 *servus* - Sklave; 1 *pendere* - (herab)hängen; 6 *collocare* - aufstellen
31.6 *Dionysius fuit vir ... miser* - bedauernswert; ... *incredibili industria* - von unglaublichem Fleiß/unvorstellbar energisch; *divitissimus* - steinreich; ... *acri ingenio* - von scharfem Verstand
31.7 *bestia fera* - ein wildes Tier
31.8 *aspicio, aspexi, aspectum, aspicere* - erblicken, ansehen; *consisto, constiti, —, consistere* - sich hinstellen, bestehen (aus); *pello, pepuli, pulsum, pellere* - schlagen, treiben, vertreiben; *porrigo, porrexi, porrectum, porrigere* - ausstrecken, darreichen; *pendo, pependi, —, pendere* - (herab)hängen

32.1 *popularis* - volksfreundlich, Volk-; *populus* - Volk, Publikum; *dictum* - Ausspruch, *dictator* - Diktator; *dicere, dico, dixi, dictum* - sagen, sprechen, nennen; *facilis* - leicht, mühelos; *factum* - Tat, Handlung, Ereignis, *facies* - Gestalt, Aussehen, Gesicht, *facultas* - Möglichkeit, Fähigkeit; *facere, facio, feci, factum* - tun, machen, herstellen
32.2 *vetare* - verbieten; *prohibere* - abhalten, hindern, verbieten; *impedire* - hindern, behindern, verhindern (dass); *arcere* - abhalten, fern halten, abwehren
32.3 *existimare* - 1. schätzen 2. urteilen 3. glauben
32.4 *spectare* - schauen, anschauen, betrachten; *spectaculum* - Schauspiel; *exspectare* - warten (auf), erwarten; *aspectus* - Anblick; *aspicere* - erblicken, ansehen; *conspicere* - erblicken; *inspicere* - hineinblicken, betrachten; *respicere* - zurückschauen, berücksichtigen; *suspicere* - beargwöhnen, verdächtigen
32.5 *Antigona fratrem mortuum humo texit, quamquam id ipsum Creon vetuerat.* - Antigone bedeckte den toten Bruder mit Erde, obwohl Kreon genau das verboten hatte.
32.6 1. Alle Bürger haben die gleichen Rechte. (stimmt); 2. Fremde werden aus der Stadt vertrieben. (stimmt nicht); 3. Niemand wird an irgendeinem Unterricht gehindert. (stimmt); 4. Die Dinge werden von wenigen getan/Die Macht geht von wenigen aus. (stimmt nicht); 5. Meistens erringen die Feinde den Sieg. (stimmt nicht); Lösungswort: *DEMOS* (griech.: Volk)
32.7 *Prosit!* - „Es möge nützen!"
32.8 *haerere* - hängen bleiben, stecken bleiben
32.9 *aetate imperatoris Augusti* - zur Zeit des Kaisers Augustus; *bellum gerere* - Krieg führen; *rem publicam gerere* - den Staat leiten; *sine ulla spe* - ohne irgendeine/jede Hoffnung
32.10 begründende Konjunktionen: *quod* - weil; *quoniam* - da ja, weil nun; *cum* - da, weil; *quia* - weil; *praesertim cum* - zumal da, besonders weil; *propterea quod* - (und zwar) deswegen, weil
32.11 *vero* - in Wahrheit, wirklich, aber; *primo* - zuerst zunächst, anfangs; *profecto* - in der Tat, auf alle Fälle; *postremo* - zuletzt, schließlich; *aliquando* - (irgendwann) einmal, einst; *immo* - ja, sogar, vielmehr
32.12 *gero, gessi, gestum, gerere* - tragen, verrichten; *expello, expuli, expulsum, expellere* - vertreiben, ausstoßen; *suspicio, suspexi, suspectum, suspicere* - beargwöhnen, verdächtigen; *haereo, haesi, —, haerere* - hängen, hängen bleiben, stecken bleiben; *addo, addidi, additum, addere* - hinzufügen

33.1 *facinus* - Tat, Untat, Verbrechen; *humanus* - menschlich, gebildet; *homo* - Mensch, *humanitas* - Menschlichkeit, Bildung; *liber* - frei; *libertas* - Freiheit, *liberalitas* - Güte, Freigiebigkeit, Freundlichkeit; *liberare* - befreien; *promissum* - Versprechen, Zusage; *promittere* - versprechen; *parentes* - Eltern; *parere* - erzeugen, hervorbringen, gebären
33.2 *caput* - Kopf; *crinis* - Haar; *manus* - Hand; *corpus* - Körper; *dens* - Zahn; *auris* - Ohr; *facies* - Gesicht; *oculus* - Auge; *pes* - Fuß
33.3 falsch - *falsus* - *verus* - wahr, echt; dumm, einfältig - *stultus* - *prudens* - klug, umsichtig; vorher, früher - *antea* - *postea* - nachher, später; wollen - *velle* - *nolle* - nicht wollen
33.4 *amicitiam facere* - Freundschaft schließen; *verba facere* - sprechen, eine Rede halten; *exemplum facere* - ein Beispiel geben; *impetum facere* - einen Angriff starten; *iter facere* - eine Reise unternehmen; *ludos facere* - Spiele ausrichten; *pacem facere* - Frieden schließen; *promissum facere* - ein Versprechen geben; *sacrificium facere* - ein Opfer darbringen; *silentium facere* - Schweigen/Ruhe herstellen
33.5 *Orpheus Plutoni et Proserpinae persuasit, ut sibi uxorem redderent.* - Orpheus überredete Pluto und Proserpina dazu, ihm die Gattin zurückzugeben.
33.6 *quo?* - wohin?; *eo* - dorthin; *huc* - hierher
33.7 *facinus pulcherrimum* - eine wunderschöne Tat; *facinus turpissimum* - ein überaus schändliches Verbrechen
33.8 *mos maiorum* - Sitte/Brauch der Vorfahren; *magnas divitias possidere* - großen Reichtum besitzen; *se clementem praebere* - sich nachsichtig zeigen; *amico aures praebere* - dem Freund Gehör schenken; *Amicus mihi persuasit, ut venirem.* - Mein Freund hat mich überredet zu kommen.; *Verba huius hominis ficta et falsa sunt.* - Die Worte dieses Menschen sind erfunden und falsch/erstunken und erlogen.; *Servus fugiens in silvam se abdidit.* - Der fliehende Sklave versteckte sich im Wald./Auf seiner Flucht versteckte sich der Sklave im Wald.
33.9 *calamitas* - Unheil, Unglück, Schaden; *voluptas* - Vergnügen, Lust; *maiestas* - Hoheit, Erhabenheit, Größe; *liberalitas* - Güte, Freigiebigkeit, Freundlichkeit; *libertas* - Freiheit; *crudelitas* - Grausamkeit, Brutalität; *facultas* - Möglichkeit, Fähigkeit; *celeritas* - Schnelligkeit; *humanitas* - Menschlichkeit, Bildung; *civitas* - Bürgerrecht, Bürgerschaft, Staat
33.10 *saeculum* - Zeitalter, Jahrhundert; *quondam* - einst; *quotannis* - (all)jährlich; *aetas* - Alter, Lebenszeit, Zeitalter; *meridies* - Mittag; *tunc* - dann, damals; *antea* - vorher, früher
33.11 *nolo, nolui,—, nolle* - nicht wollen; *corrumpo, corrupui, corruptum, corrumpere* - verderben, bestechen; *abdo, abdidi, abditum, abdere* - verbergen; *persuado, persuasi, persuasum, persuadere* - überreden, überzeugen; *possideo, possedi, possessum, possidere* - besitzen

34.1 gerecht - *iustus* - *iniustus* - ungerecht; stark - *firmus* - *infirmus* - schwach; würdig - *dignus* - *indignus* - unwürdig; glücklich - *felix* - *infelix* - unglücklich; menschlich, gebildet - *humanus* - *inhumanus* - unmenschlich
34.2 *numerus* - Zahl, Anzahl; *numerare* - zählen; *perniciosus* - verderblich, schädlich; *pernicies* - Verderben, Untergang; *nex* - (gewaltsamer) Tod, Mord; *necare* - töten; *quietus* - ruhig, gelassen; *quiescere* - sich beruhigen, ruhen
34.3 *ius* - Recht; *iustitia* - Gerechtigkeit; *iustus* - gerecht; *facinus* - Tat, Untat, Verbrechen; *scelus* - Verbrechen, Frevel; *crimen* - Vorwurf, Verbrechen; *causa* - Prozess; *iudicium* - Gericht, Gerichtshof, Urteil; *iudicare* - richten, urteilen; *suspicere* - beargwöhnen, verdächtigen; *accusare* - anklagen, beschuldigen; *defendere* - verteidigen
34.4 *colo, colui, cultum, colere* - bebauen, pflegen, verehren; *frango, fregi, fractum, frangere* - brechen, verletzen, schwächen; *pervenio, perveni, perventum, pervenire* - gelangen, hinkommen, kommen; *converto, converti, conversum, convertere* - (hin)lenken, umändern; *censeo, censui, censum, censere* - schätzen, meinen, der Ansicht sein

34.5 *ante* (Adv.)/*antea* - vorher, früher; *ut primum/ubi/simulac/simulatque* - sobald
34.6 *frangere* - brechen
34.7 *Ista quidem vis est!* - Das ist ja Gewalt!
34.8 *Cogito, ergo sum!* - Ich denke, also bin (existiere) ich!
34.9 to add - *addere* - hinzufügen; alien - *alienus* - fremd; famous (berühmt) - *fama* - Gerücht, (guter/schlechter) Ruf; incredible - *incredibilis* - unglaublich; to promise - *promittere* - versprechen
34.10 *alienus* - fremd; *colere* - pflegen, bebauen, verehren; *secundum* - laengs, entlang, gemaeß
34.11 *Multos Romanis mox paenituit fecisse, quod Cato censuerat, et Carthaginem evertisse.* - Viele Römer bereuten es bald, das getan zu haben, was Cato beantragt hatte, und Carthago zerstört zu haben.

35.1 *persuadere* - überzeugen, überreden; *censere* - meinen, der Ansicht sein; *oratio* - Rede; *disserere* - erörtern; *suadere* - raten; *eloquentia* - Beredsamkeit, Redegewandtheit
35.2 *quamquam/quamvis* - obwohl; *perferre/sustinere* - ertragen, aushalten
35.3 *incedo, incessi, incessum, incedere* - einhergehen, befallen; *compono, composui, compositum, componere* - zusammenstellen, ordnen, vergleichen; *refero, rettuli, relatum, referre* - zurückbringen, berichten, melden; *instituo, institui, institutum, instituere* - einrichten, beginnen, beabsichtigen, unterrichten; *suado, suasi, suasum, suadere* - raten, zureden
35.4 a) *ferre* - tragen, bringen; b) *afferre* - herbeibringen; c) *auferre* - wegtragen, wegbringen; d) *offerre* - entgegenbringen, anbieten; e) *differre* - aufschieben, sich unterscheiden; f) *perferre* - ertragen, aushalten; g) *referre* - zurückbringen, berichten, melden
35.5 *mens* - Verstand, Denken, *meminisse* - sich erinnern, denken (an); *ponere* - setzen, stellen, legen, *componere* - zusammenstellen; *comperire* - erfahren, *peritus* - kundig, erfahren; *cedere* - gehen, weichen, nachgeben, *concedere* - zugestehen, einräumen, *incedere* - einhergehen; *suadere* - raten, zureden, *persuadere* - überreden, überzeugen; *dies* - Tag, *cottidie* - täglich
35.6 *Fratres inter se haud raro differunt.* - Brüder unterscheiden sich nicht selten voneinander.
35.7 Nominativ - *nominare* - nennen, benennen; Genitiv - *gignere* - erzeugen, hervorbringen, gebären; Dativ - *dare* - geben; Akkusativ - *accusare* - anklagen; Ablativ - *auferre* - wegtragen, wegbringen; Singular - *singularis* - einzeln, einzigartig; Possessiv- - *possidere* - besitzen; Pronomen - *pro* - für, anstatt, *nomen* - Name; Femininum - *femina* - Frau; Neutrum - *ne uter* - nicht einer von beiden (keines der beiden anderen Geschlechter); Kompositum - *componere* - zusammenstellen
35.8 *vivus* - lebend; *vita* - Leben, *victus* - Lebensunterhalt, Lebensweise; *vivere* - leben; *oratio* - Rede, Gebet, Sprache; *orare* - bitten, beten; *discipulus* - Schüler, *disciplina* - Unterricht, Lehre, Erziehung; *discere* - lernen

36.1 *vinculum* - Fessel
36.2 *domo* - von zu Hause; *domum* - nach Hause; *domi* - zu Hause
36.3 *caput* - Kopf; *crinis* - Haar; *manus* - Hand; *digitus* - Finger; *corpus* - Körper; *dens* - Zahn; *auris* - Ohr; *facies* - Gesicht; *oculus* - Auge; *pes* - Fuß
36.4 *similis* - ähnlich; *versisimilis* - wahrscheinlich; *dies* - Tag, *meridies* - Mittag, *cottidie* - täglich, *postridie* - am folgenden Tag
36.5 *advenio, adveni, adventum, advenire* - herankommen, ankommen; *cresco, crevi, cretum, crescere* - wachsen, zunehmen; *remitto, remisi, remissum, remittere* - zurückschicken, loslassen, nachlassen; *consentio, consensi, consensum, consentire* - übereinstimmen, sich einig sein; *surgo, surrexi, surrectum, surgere* - aufstehen, sich erheben
36.6 *non pergere, sed finire* (nicht fortfahren, sondern aufhören); *non abire, sed advenire* (nicht weggehen, sondern ankommen); *non considere, sed stare* (nicht sich niederlassen/setzen, sondern stehen)
36.7 17 *sol* - Sonne; 5 *parentes* - Eltern; 3 *discipulus* - Schüler; 18 *avis* - Vogel; 6 *mensa* - Tisch; 9 *ianua* - Tür, Eingang; 11 *lectus* - Bett, Liege; 8 *domus* - Haus; 15 *arbor* - Baum; 10 *limen* - Schwelle; 12/13/14 *somnus* - Schlaf; 1 *stilus* - (Schreib)Griffel; 12/13/14 *somnium* - Traum; 4 *discere* - lernen; 12/13/14 *dormire* - schlafen; 16 *herba* - Halm, Gras, Pflanze; 19 *sonus* - Ton, Klang; 7 *tabula* - Gemälde; 2 *liber* - Buch
36.8 *vinculum* - Band, Strick, Fessel, *vincire* - fesseln; *sonus* - Ton, Klang, *sonare* - ertönen, erklingen, klingen; *initium* - Anfang, Beginn, *inire* - anfangen; *exercitus* - Heer, *exercere* - üben
36.9 *antea/prius* - früher
36.10 *D(e)is Manibus* - Den Manen (Seelen der Verstorbenen)
36.11 *domus ampla* - ein geräumiges Haus; *corpus rite condere* - den Leichnam nach Brauch/dem Brauch entsprechend bestatten; *manu significare* - mit der Hand anzeigen/ein Zeichen geben; *Bene eveniat!* - Möge es gut ausgehen/gelingen!/Viel Erfolg!
36.12 *Cum illud idolon appareret, Athenodorus scribere perrexit* - Als jenes Gespenst erschien, fuhr Athenodorus fort zu schreiben/schrieb Athenodorus weiter.

37.1 1. Im Teutoburger Wald hat das römische Heer eine bittere Niederlage erlitten. (stimmt); 2. Keiner der Soldaten hatte die Möglichkeit zu fliehen/zur Flucht. (stimmt nicht); 3. Bei den Altären der Barbaren wurden die Zenturionen ermordet. (stimmt); 4. An den Bäumen waren Köpfe von Menschen/Menschenschädel aufgehängt/angenagelt. (stimmt); 5. Weder der Adler der 19. Legion noch die zerbrochenen Waffen wurden gefunden. (stimmt nicht); Lösungswort: *GERMANICUS*
37.2 *aquila* - Adler, Legionsadler
37.3 *cupidus* - begierig (nach), *cupido* - Verlangen, Leidenschaft, *cupiditas* - Begierde, Leidenschaft, *cupere, cupio, cupivi, cupitum* - begehren, verlangen, wünschen; *medius* - der mittlere, mitten, *medium* - die Mitte; *probus* - tüchtig, gut, *probare* - gutheißen, billigen; *reliquiae* - Überreste, Reste, *relinquere, relinquo, reliqui, relictum* - zurücklassen, hinterlassen, verlassen
37.4 *pedibus ire* - zu Fuß gehen; *curru vehi* - mit dem Wagen fahren
37.5 *primus* - der Erste; *secundus* - der Zweite; *sextus* - der Sechste; *ultimus* - der Letzte
37.6 *vituperare/reprehendere* - tadeln
37.7 *circumdare* - umgeben, umzingeln; *circumvenire* - umringen, umzingeln; *vis* - Kraft, Gewalt, *robur* - Kraft, Stärke
37.8 4 *arbor* - Baum; 15 *sol* - Sonne; 1 *saltus* - Waldschlucht, Waldgebirge; 5 *herba* - Halm, Gras, Pflanze; 13 *insula* - Insel; 8 *porta* - Tor; 19 *aquila* - Adler; 7 *urbs* - Stadt; 14 *caelum* - Himmel; 10 *lacus* - See, Teich; 3 *ager* - Acker, Feld; 11 *fluvius/flumen* - Fluss; 9 *moenia* - Mauer, Stadtmauer; 16 *ventus* - Wind; 18 *canis* - Hund; 2 *campus* - Ebene, Feld; 6 *domus* - Haus; 17 *lupus* - Wolf; 12 *mare* - Meer
37.9 *reperio, repperi, repertum, reperire* - wieder finden, finden; *inquiro, inquisivi, inquisitum, inquirere* - untersuchen, nachforschen; *invado, invasi, invasum, invadere* - angreifen, eindringen, befallen; *praemitto, praemisi, praemissum, praemittere* - vorausschicken; *veho, vexi, vectum, vehere* - ziehen, fahren, bringen
37.10 *vadere* - gehen, schreiten, *evadere* - entrinnen, herausgehen, *invadere* - angreifen, eindringen, befallen; *ponere* - stellen, setzen, legen, *componere* - zusammenstellen, *imponere* - hineinsetzen, -legen, auferlegen
37.11 *Gladio de tecto pendente viso Damoclem timor invasit.* - Als er das Schwert, das von der Decke herabhing, sah, befiel Damokles Angst.

38.1 *vereri* - sich scheuen, fürchten, verehren - *timere* - fürchten; *morari* - (sich) aufhalten, zögern - *dubitare* - zögern, zweifeln; *conari* - versuchen - *temptare* - versuchen; *largiri* - schenken - *donare* - schenken, beschenken; *misereri* - sich erbarmen, Mitleid haben - *misericordia moveri* - von Mitleid bewegt sein/sich von Mitleid leiten lassen; *recordari* - sich erinnern (an) - *meminisse* - (sich) erinnern; *suspicari* - argwöhnen - *suspicere* - beargwöhnen; *gratulari* - danken - *gratias agere* - Dank sagen; *hortari* - ermahnen, mahnen - *monere* - erinnern, ermahnen
38.2 *Curis non vacat.* - Er ist nicht frei von Sorgen./Er hat Sorgen.; *Veste caret.* - Er hat keine Kleidung/nichts zum Anziehen.; *Cibo eget.* - Er hat keine Nahrung/nichts zum Essen.; *Pecunia ei opus est.* - Er braucht Geld.
38.3 *deos vereri* - die Götter verehren; *hostes vereri* - die Feinde fürchten; *dicere vereri* - sich scheuen zu sprechen
38.4 *Romae multos dies morari* - sich viele Tage in Rom aufhalten; *milites oratione hortari* - die Soldaten durch eine Rede aufmuntern/anfeuern
38.5 *pons* - Brücke
38.6 *Cum Paris Veneri praemium pulchritudinis dedisset, Iuno et Minerva indignatae sunt.* - Als Paris Venus den Preis für die Schönheit gab, ärgerten sich Juno und Minerva.
38.7 *moror, moratus sum, morari* - (sich) aufhalten, zögern; *praetermitto, praetermisi, praetermissum, praetermittere* - vorübergehen lassen, übergehen; *misereor, miseritus sum, misereri* - sich erbarmen, Mitleid haben; *intellego, intellexi, intellectum, intellegere* - erkennen, einsehen, verstehen; *conor, conatus sum, conari* - versuchen
38.8 *regere, rec-tum, rector* - einer, der leitet (der Rektor); *spondere, spon-sum, sponsor* - einer, der unterstützt (der Sponsor); *movere, motum, motor* - einer, der bewegt (der Motor); *facere, fac-tum, factor* - einer, der etwas macht, der Faktor; *prodere, prodi-tum, proditor* - einer, der verrät, der Verräter; *gratulari, gratula-tus, gratulator* - einer, der Glück wünscht; *inspicere, inspect-um, inspector* - einer, der hineinblickt (der Inspektor); *orare, ora-tum, orator* - einer, der bittet (lat. *orator* - Redner); *invadere, inva-sum, invasor* - einer, der eindringt, der Eindringling (der Invasor); *detegere, detec-tum, detector* - einer, der etwas aufdeckt (der Detektor); *vehere, vec-tum, vector* - einer, der fährt, zieht; *moliri, moli-tus, molitor* - einer, der etwas in Bewegung setzt (lat. *molitor* - Müller)
38.9 *maximus* - der Größte - *minimus* - der Kleinste; *maior* - größer/der Größere - *minor* - kleiner/der Kleinere; *magnus* - groß - *parvus* - klein; *optimus* - der Beste - *pessimus* - der Schlechteste; *melior* - besser/der Bessere - *peior* - schlecher/der Schlechtere; *bonus* - gut - *malus* - schlecht

39.1 *aequare, aequa-tum, aequator* - einer, der gleichmacht (der Äquator); *invenire, inven-tum, inventor* - einer, der erfindet, der Erfinder; *monere, moni-tum, moni-tor* - einer, der erinnert, ermahnt; *inquirere, inquisi-tum, inquisitor* - einer, der untersucht; *legere, lec-tum, lector* - einer, der liest, der Leser; *corrigere, correc-tum, correc-tor* - einer, der verbessert; *vincere, vic-tum, victor* - einer, der siegt, der Sieger; *suadere, sua-sum, suasor* - einer, der rät, der Ratgeber; *proicere, proiec-tum, proiector* - einer, der (etwas) hinwirft (der Projektor); *spectare, specta-tum, spectator* - einer, der zuschaut, der Zuschauer; *defendere, defen-sum, defensor* - einer, der verteidigt, der Verteidiger; *trahere, trac-tum, tractor* - einer, der zieht (der Traktor)
39.2 *pons fit* - die Brücke wird gebaut; *clamor fit* - Geschrei erhebt sich/wird laut; *statua fit* - die Statue wird aufgestellt; *lux fit* - es wird Licht
39.3 *cultura* - Pflege; *colere, colo, colui, cultum* - bebauen, pflegen, verehren; *studium* - Bemühung, Eifer, *studere* - wollen, sich bemühen (um), sich bilden; *humilis* - niedrig, gering, *humus* - Erde, Boden; *vastus* - wüst, öde, *vastare* - verwüsten; *solus* - allein, bloß, *solitudo* - Einsamkeit, Einöde; *aequalis* - gleichaltrig, *aequalis* - Altersgenosse; *aequare* - gleichmachen, erreichen; *concilium* - Versammlung, *conciliare* - gewinnnen, (sich) geneigt machen; *finis* - Grenze, Ende, *fines* - Gebiet, *finire* - begrenzen, beenden; *origo* - Ursprung, Abstammung, *oriri, orior, ortus sum* - entstehen
39.4 *orior, ortus sum, oriri* - sich erheben, aufgehen, entstehen; *minuo, minui, minutum, minuere* - verringern, vermindern; *polliceor, pollicitus sum, polliceri* - versprechen; *fio, factus sum, fieri* - werden, gemacht werden, geschehen; *arbitror, arbitratus sum, arbitrari* - meinen, glauben
39.5 *Tribuni plebis patribus persuaserunt, ut leges scriptas praedicarent.* - Die Volkstribunen überredeten die Senatoren dazu, geschriebene Gesetze öffentlich bekannt zu machen.
39.6 (göttliches) Recht, Gebot - *fas* - *nefas* - Unrecht, Frevel; Jugend - *iuventus* - *senectus* - Alter; Zierde - *decus* - *dedecus* - Schande; sich erheben, aufgehen - *oriri* - *occidere* - untergehen; innerhalb - *intra* - *extra* - außerhalb; vergrößern, vermehren, fördern - *augere* - *minuere* - verringern, vermindern
39.7 1. Die Germanen unterschieden sich in vielen Dingen von den Galliern. (stimmt); 2. Niemand hatte ein eigenes Gebiet/eigenen Grundbesitz. (stimmt); 3. Sie bemühten sich um den Ackerbau/legten großen Wert auf Ackerbau. (stimmt nicht); 4. Die Stammesoberhäupter/ Häuptlinge wiesen den Stämmen die Felder zur Bestellung zu. (stimmt); 5. Ihre Nahrung bestand nur aus Fleisch. (stimmt nicht); 6. Die Mächtigeren vertrieben die Niedrigen/die kleinen Leute von ihren Feldern. (stimmt nicht); 7. Sie hielten es für einen Frevel, einen Gast zu verletzen. (stimmt); Lösungswort: *TACITUS*
39.8 *Sanctus* - Heiliger; *Sancta* - Heilige
39.9 Winter - *hiems* - *frigus* - Kälte, Frost; Schüler - *discipulus* - *studium* - Eifer; Speise, Nahrung - *cibus* - *caro* - Fleisch; Sonne - *sol* - *oriri* - aufgehen; Gott - *deus* - *fas* - (göttliches) Recht
39.10 *violare* - verletzen, kraenken; *simul* - gleichzeitig, zugleich
39.11 *alius* - der andere/ein anderer; *alter* - der eine/der andere; *alio* - anders wohin
39.12 *circa/circum* - um ... herum, ringsum

40.1 würdig, wert - *dignus* - *indignus* - unwürdig; leicht, leichtsinnig - *levis* - *gravis* - schwer, gewichtig, ernst; bereitwillig, freudig - *libens* - *invitus* - ungern, unfreiwillig; vernichten, zerstören - *delere* - *restituere* - wieder herstellen; Freigelassener - *libertus* - *servus* - Sklave
40.2 *libenter* - gern, mit Vergnügen, *libens* - bereitwillig, freudig; *post* - nach, *posteri* - die Nachkommen, Nachwelt; *caput* - Kopf, Hauptstadt, *praeceps* - kopfüber, jäh, überstürzt, *praecipitare* - (kopfüber) stürzen; *rapere* - rauben, *eripere* - entreißen; *statuere* - aufstellen, *restituere* - wieder herstellen
40.3 *praetereo, praeterii, praeteritum, praeterire* - vorbeigehen (an), übergehen, vergehen; *deicio, deieci, deiectum, deicere* - herabwerfen, vertreiben; *dimitto, dimisi, dimissum, dimittere* - entlassen, aufgeben; *eripio, eripui, ereptum, eripere* - entreißen, befreien; *restituo, restitui, restitutum, restituere* - wieder herstellen
40.4 *Carthagine victa et vastata Scipio omnia simulacra, quae Carthaginienses Siculis eripuerant, restituit.* - Nachdem Scipio Karthago besiegt und verwüstet hatte, gab er alle Götterbilder, die die Karthager den Sizilianern geraubt hatten, zurück.
40.5 *fidelis* - treu, zuverlässig, *fides* - Treue, Glauben, Vertrauen; *miles* - Soldat, *militare* - Kriegsdienst leisten, Soldat sein; *dubium* - Zweifel, *dubitare* - zögern, zweifeln; *tribus* - Tribus, (Stimm-)Bezirk, *tribuere* - zuteilen, zuweisen; *honestus* - ehrenhaft, *honos* - Ehre
40.6 *pontifex* - Priester; *sacerdos* - Priester/in; *vates* - Seher/in; *templum* - Tempel; *aedis* - Tempel; *ara* - Altar; *deus* - Gott; *dea* - Göttin; *numen* - (göttliche) Macht, Gottheit; *fatum* - Schicksal, Götterspruch; *omen* - Vorzeichen, Vorbedeutung; *oraculum* - Orakel(stätte), Götterspruch; *divus* - göttlich, vergöttlicht; *sanctus* - heilig, geweiht; *sacer* - heilig, geweiht, verflucht; *fas* - (göttliches) Recht, Gebot; *nefas* - Frevel; *sors* - Los, Schicksal; *fortuna* - Schicksal, Glück; *fortunatus* - gesegnet, glücklich; *felix* - glücklich, vom Glück begünstigt;

religio - (fromme) Bedenken, Scheu, Aberglaube; *colere* - verehren; *vereri* - verehren; *sacrificium* - Opfer; *orare* - bitten, beten; *vovere* - geloben; *votum* - Gelübde, Opfergabe; *pius* - fromm; *rite* - nach dem Brauch, in herkömmlicher Weise

40.7 *Dis Manibus* - Den Manen; *tribu* - aus dem Bezirk...; *in honorem* - zu Ehren; *ob rem publicam restitutam* - wegen der Wiederherstellung des Staates; *sancto forti pio viro* - dem verehrten, tapferen, frommen Mann; *dono dedit* - er/sie gab zum Geschenk; *de suo posuit* - er/sie hat aus seinem Vermögen aufgestellt; *votum solvit* - er/sie hat das Gelübde erfüllt; *Hic iacet ...* - Hier liegt ...; *Vixit annos XLII* - Er/Sie lebte 42 Jahre lang/wurde 42 Jahre alt; *ob res bene gestas* - wegen seiner/ihrer Taten; *faciendum curavit* - er/sie ließ machen; *de suo restituit* - er/sie hat aus seinem Vermögen wieder hergestellt; *laetus libens merito* - froh, freudig/willig, verdientermaßen/wie es sich gehört

40.8 *IMP* - *imperator* - Kaiser; *COS* - *consul* - Konsul; *F* - *filius* - Sohn; *TR MIL* - *tribunus militum* - Militärtribun; *T P* - *tribunus plebis* - Volkstribun; *PRAEF* - *praefectus* - Präfekt, Befehlshaber; *PONT MAX* - *pontifex maximus* - oberster Priester; *P P* - *pater patriae* - Vater des Vaterlands; *R P* - *res publica* - Staat; *LEG* - *legio* - Legion; *COH* - *cohors* - Kohorte; *L L* - *laetus libens* - froh (und) willig; *SPQR* - *senatus populusque Romanus* - der Senat und das römische Volk

41.1 *Paulus Hierosolymam profectus a militibus Romanis deprehensus et in carcere conclusus est.* - Als Paulus nach Jerusalem reiste, wurde er von römischen Soldaten ergriffen und im Kerker eingesperrt.

41.2 *nefarius* - frevelhaft, *nefas* - Frevel, Verbrechen; *iratus* - zornig, wütend, *ira* - Zorn, Wut; *irasci, irascor, iratus sum* - zürnen; *iudex* - Richter, *iudicium* - Gericht, Gerichtshof, Urteil, *iudicare* - richten, urteilen; *casus* - Fall, *cadere* - fallen; *eloquentia* - Beredsamkeit, Redegewandtheit, *loqui* - sprechen; *mortalis* - sterblich, *mortuus* - tot, *mors* - Tod, *mori, morior, mortuus sum* - sterben; *mirus* - wunderbar, *mirari, miror, miratus sum* - sich wundern; *doctus* - gelehrt, *doctrina* - Lehre, Gelehrsamkeit, *docere* - lehren, unterrichten; *minister* - Diener, *ministrare* - bedienen, servieren; *sacer* - heilig, geweiht, verflucht, *sacrificium* - Opfer, *sacerdos* - Priester/in

41.3 Aktiv - *agere* - handeln, verhandeln; Passiv - *pati* - erleiden; Kasus - *casus* - Fall; Finalsatz - *finis* - Ziel, Zweck; Konsekutivsatz - *sequi* - folgen; Kondizionalsatz - *condicio* - Bedingung; Modalsatz - *modus* - Art, Weise; Relativsatz - *referre* - zurückbringen, melden, berichten

41.4 *pudet me* - es beschämt mich, ich schäme mich über/wegen...

41.5 *ministri* - Diener

41.6 *tria milia passuum* - 4,44 km; *duo digiti* - 3,8 cm; *undeviginti milia passuum* - 28,12 km; *novem pedes* - 2,61 m; *quindecim digiti* - 28,5 cm

41.7 *ulciscor, ultus sum, ulcisci* - sich rächen (an/für), bestrafen, strafen; *incipio, coepi, coeptum, incipere* - anfangen, beginnen; *patior, passus sum, pati* - erdulden, erleiden; *morior, mortuus sum, mori* - sterben; *sequor, secutus sum, sequi* - folgen

41.8 anfangen, beginnen - *incipere* - *finire* - begrenzen, beenden; ankommen - *advenire* - *proficisci* - aufbrechen, abreisen; schweigen - *tacere* - *loqui* - sprechen, reden; sich erinnern, denken (an) - *meminisse* - *oblivisci* - (etw.) vergessen

41.9 Licht - *lux* - *fulgere* - strahlen, blitzen; Gefängnis - *carcere* - *concludere* - einsperren; Nahrung, Speise - *cibus* - *fames* - Hunger; Grab, Grabmal - *sepulcrum* - *mori* - sterben; immer - *semper* - *consuetudo* - Gewohnheit; gehen - *ire* - *passus* - Schritt

41.10 *usque ad* - bis (zu/an)

41.11 *iudex* - Richter; *iudicium* - Gericht, Gerichtshof, Urteil; *iudicare* - richten, beurteilen; *reus* - Angeklagter; *patronus* - Anwalt; *testis* - Zeuge; *persequi* - verfolgen; *deprehendere* - ergreifen; *accusare* - anklagen; *defendere* - verteidigen; *ius* - Recht; *iustitia* - Gerechtigkeit; *facinus* - Tat, Untat, Verbrechen; *scelus* - Verbrechen; *crimen* - Vorwurf, Verbrechen; *nefarius* - verbrecherisch; *condemnare* - verurteilen; *concludere* - einsperren

42.1 *neglego, neglexi, neglectum, neglegere* - vernachlässigen, übersehen; *tango, tetigi, tactum, tangere* - berühren; *demitto, demisi, demissum, demittere* - herablassen, senken, sinken lassen; *intereo, interii, interitum, interire* - zugrunde gehen, umkommen; *egredior, egressus sum, egredi* - herausgehen, herauskommen

42.2 *memor* - in Erinnerung, sich erinnernd (an), *memoria* - Erinnerung, Gedächtnis, *meminisse, memini* - sich erinnern; *iunior* - jünger, *iuvenis* - Jüngling, *iuventus* - Jugend; *modestus* - bescheiden, *modus* - Art, Weise, Maß; *rectus* - recht, richtig, gerade, *regio* - Gegend, Region, *rex* - König, *regina* - Königin, *regnum* - (Königs-)Herrschaft, Königreich, *regere, rego, rexi, rectum* - lenken, leiten, *regnare* - König sein, herrschen; *damnum* - Schaden, Verlust; *damnare* - verurteilen, verdammen

42.3 *ideo* - deswegen, deshalb; *ergo* - also, folglich; *alio* - anderswohin; *primo* - zuerst, zunächst, anfangs; *merito* - verdientermaßen, mit Recht; *postremo* - zuletzt, schließlich

42.4 *scire* - wissen, verstehen, *conscius* - mitwissend, (einer Sache) bewusst; *videre* - sehen, *providere* - vorhersehen; *magnus* - groß, *magnopere* - sehr; *currere* - laufen, *occurrere* - begegnen, entgegentreten; *cedere* - gehen, weichen, *secedere* - beiseite gehen, weggehen; *plenus* - voll, *explere* - ausfüllen, erfüllen, *implere* - anfüllen, erfüllen

42.5 *Implora misericordiam domini!* - Erflehe die Barmherzigkeit deines Herrn!

42.6 *crux* - Kreuz

42.7 *cruci affigere* - ans Kreuz schlagen/kreuzigen; *supplicio afficere* - die Todesstrafe verhängen/hinrichten; *servum praemio afficere* - den Sklaven mit einer Belohnung ausstatten/dem Sklaven eine Belohnung geben; *capitis damnare* - zum Tode verurteilen; *proximo anno* - im letzten/nächsten Jahr; *animum demittere* - den Mut sinken lassen; *Roma secedere* - aus Rom weggehen

42.8 *abire/secedere* - weggehen; *magnopere/valde* - sehr; *ingredi/inire* - hineingehen; *obviam ire/occurrere* - begegnen; *ideo/itaque* - deshalb; *interire/perire* - zugrunde gehen, umkommen

42.9 Mandat - *mandare* - beauftragen; Minister - *minister* - Diener; Republik - *res publica* - „öffentliche Sache", Staat; Memorandum - *memor* - in Erinnerung, sich erinnernd (an); Plenarsitzung - *plenus* - voll; Interesse - *interesse* - dazwischen sein, teilnehmen (an); offensiv - *offendere* - angreifen; Provision - *providere* - vorhersehen, sorgen (für)

43.1 *arguo, argui, argutum, arguere* - darlegen, (einer Sache) beschuldigen; *desino, desii, desitum, desinere* - ablassen, aufhören; *propono, proposui, propositum* - vorlegen, vorschlagen, in Aussicht stellen; *minor, minatus sum, minari* - drohen, androhen; *defero, detuli, delatum, deferre* - überbringen, melden, anzeigen

43.2 *Desine timere!* - Hör auf dich zu fürchten/Fürchte dich nicht mehr!

43.3 *fateri/confiteri* - gestehen, bekennen

43.4 *dubius* - zweifelhaft, unsicher; *cognitio* - Untersuchung, Verfahren, Erkenntnis; *cognoscere, cognosco, cognovi, cognitum* - erkennen, bemerken, kennen lernen; *robustus* - kräftig, stark, erwachsen, *robur* - Kraft, Stärke; *actus* - Handlung, Vorgehensweise, Akt, *agere, ago, egi, actum* - treiben, betreiben, handeln, verhandeln; *praeteritum* - Vergangenheit, *praeterire, praetereo, praeterii, praeteritum* - vorbeigehen (an), übergehen, vergehen; *notus* - bekannt, *notare* - kennzeichnen, tadeln; *dignus* - würdig, wert, *dignitas* - Würde, Ansehen, Rang; *propositum* - Plan, Absicht, Zweck, *proponere, propono, proposui, propositum* - vorlegen, vorschlagen, in Aussicht stellen

43.5 freie Zeit, Freizeit, Ruhe - *otium* - *negotium* - Geschäft, Aufgabe; sicher, gewiss - *certus* - *dubius* - unsicher, zweifelhaft; aufhören, ablassen - *desinere* - *incipere* - beginnen, anfangen; antworten, erwidern - *respondere* - *interrogare* - fragen, befragen; zart, jung - *tener* - *robustus* - kräftig, stark, erwachsen

43.6 Interrogativ - *interrogare* - fragen; Partikel - *pars* - Teil; Tempus - *tempus* - Zeit; Präteritum - *praeteritum* - Vergangenheit; Perfekt - *perficere* - vollenden; Plusquamperfekt - *plus* - mehr, *quam* - als, *perficere* - vollenden; Futur - *futurus* - zukünftig

43.7 *conquirere* - zusammensuchen, *componere* - zusammenstellen, *conferre* - zusammentragen, *convenire* - zusammenkommen, *continere* - zusammenhalten, *convocare* - zusammenrufen
43.8 *dignitas* - Wuerde, Rang, Ansehen; *interim* - inzwischen, einstweilen
43.9 *colere* - verehren; *vereri* - verehren; *venerari* - verehren, anbeten; *vovere* - geloben; *orare* - beten; *implorare* - anflehen; *immolare* - opfern
43.10 *iniuria* - Unrecht, Ungerechtigkeit; *crimen* - Verbrechen; *facinus* - Untat, Verbrechen; *dedecus* - Schande; *nefas* - Frevel; *flagitium* - Schande, Vergehen; *scelus* - Verbrechen; *nex* - Mord; *caedes* - Mord, Blutbad

44.1 *fidus* - treu, zuverlässig, *confidere, confido, confisus sum* - vertrauen; *immortalis* - unsterblich; *lux* - Licht, *lucere, luceo, luxi* - leuchten, strahlen; *nocens* - schädlich, verderblich, schuldig, *nocere* - schaden; *utilis* - nützlich, *uti, utor, usus sum* - (etw.) benützen, gebrauchen; *responsum* - Antwort, *respondere, respondeo, respondi, responsum* - antworten, erwidern; *acer* - scharf, *acies* - Schärfe; *ratio* - Vernunft, Überlegung, *reri, reor, ratus sum* - meinen, denken, rechnen; *currus* - Wagen, *cursus* - Lauf, Kurs, *currere, curro, cucurri, cursum* - laufen, rennen; *insignis* - kennzeichnend, auffallend, ausgezeichnet, *signum* - Zeichen, *signare* - mit Zeichen versehen, bezeichnen, versiegeln
44.2 *concurro, concurri, concursum, concurrere* - zusammenlaufen, zusammenstoßen; *verto, verti, versum, vertere* - wenden, drehen, kehren; *admoveo, admovi, admotum, admovere* - nähern, heranrücken lassen; *utor, usus sum, uti* - (etw.) benützen, gebrauchen; *confido, confisus sum, confidere* - vertrauen
44.3 *Caesar fortuna sua confisus parvam illam navem conscendit.* - Auf sein Glück vertrauend/Im Vertrauen auf sein Glück bestieg Cäsar jenes kleine Schiff.
44.4 *caput* - Kopf; *crinis* - Haar; *manus* - Hand; *digitus* - Finger; *corpus* - Körper; *dens* - Zahn; *auris* - Ohr; *facies* - Gesicht; *oculus* - Auge; *pes* - Fuß; *frons* - Stirn; *tergum* - Rücken
44.5 *divino auxilio confidere* - auf göttliche Hilfe vertrauen; *terga vertere* - „die Rücken zuwenden", fliehen; *a tergo et a fronte aggredi* - vom Rücken/von hinten und vom Gesicht/von der Vorderseite/von vorne angreifen
44.6 *putare, sentire, censere, existimare, arbitari, reri*
44.7 Habsucht, Geldgier - *avaritia* - *pecunia* - Geld; unsterblich - *immortalis* - *deus* - Gott; Trost - *solacium* - *tristis* - traurig; Mangel, Not - *inopia* - *egere* - (etw.) brauchen, nötig haben; Front - *acies* - *exercitus* - Heer
44.8 *ruere* - einstürzen; *murus* - Mauer
44.9 *industria* - Fleiß, Eifer; *humanitas* - Menschlichkeit, Bildung; *avaritia* - Habsucht, Geldgier; *ira* - Zorn, Wut; *constantia* - Standhaftigkeit, Beständigkeit; *superbia* - Hochmut, Stolz; *vitium* - Fehler, schlechte Eigenschaft; *dolus* - Täuschung, Betrug; *fortitudo* - Tapferkeit, Mut; *liberalitas* - Güte, Freundlichkeit, Freigiebigkeit; *crudelitas* - Grausamkeit, Brutalität; *discordia* - Zwietracht, Uneinigkeit; *clementia* - Milde, Nachsicht; *iniuria* - Ungerechtigkeit; *fides* - Treue; *virtus* - Tapferkeit, Tüchtigkeit, Tugend; *ratio* - Vernunft; *odium* - Hass
44.10 *ops* - Kraft, Stärke, Hilfe, *inopia* - Mangel, Not; *adversus* - entgegengesetzt, *vertere* - wenden, drehen, kehren; *pars* - Teil, *expers* - ohne (Anteil an), frei (von); *prope* - nahe, *propinquus* - Nachbar, Verwandter
44.11 *sanguis* - Blut

45.1 *efficio, effeci, effectum, efficere* - bewirken, durchsetzen; *diligo, dilexi, dilectum, diligere* - lieben, schätzen; *profero, protuli, prolatum, proferre* - hervorbringen, vorzeigen; *edo, edidi, editum, edere* - herausgeben, verbreiten, hervorbringen; *metuere, metuo, metui,* — - fürchten
45.2 *auctor* - Urheber, Begründer, Verfasser, *auctoritas* - Ansehen, Einfluss; *cor* - Herz, *discordia* - Zwietracht, Uneinigkeit; *audire* - hören, *oboedire* - gehorchen
45.3 *honorare* - ehren, auszeichnen; *pius* - fromm, gewissenhaft, *pietas* - Frömmigkeit, Pflichtgefühl; *patiens* - geduldig, *pati, patior, passus sum* - dulden, (er)leiden; *verus* - wahr, echt, *veritas* - Wahrheit; *diligens* - sorgfältig, gewissenhaft, *diligere, diligo, dilexi, dilectum* - lieben, schätzen; *metus* - Furcht, Angst, *metuere, metuo, metui* - fürchten; *iustus* - gerecht, rechtmäßig, *ius* - Recht, *iustitia* - Gerechtigkeit, *iurare* - schwören; *senior* - älter, *senex* - Greis, alter Mann, *senectus* - Alter; *vestis* - Kleidung, Gewand, *vestire* - kleiden, bekleiden; *solacium* - Trost, *consolari* - trösten; *desiderium* - Sehnsucht, Verlangen, Bedürfnis, *desiderare* - ersehnen, vermissen, erstreben
45.4 *dives* - reich; *pauper* - arm
45.5 *alius* - ein anderer; *alter* - der eine/der andere; *alio* - anderswohin; *aliter* - anders, sonst
45.6 arm - *pauper* - *dives* - reich; jünger - *iunior* - *senior* - älter; lieben, schätzen - *diligere* - *odisse* - hassen
45.7 Zuneigung: *diligere* - lieben, schätzen; *placere* - gefallen; *favere* - gewogen sein, (jmdn.) begünstigen; *venerari* - verehren; *mirari* - bewundern; *delectare* - erfreuen, Freude machen; *amare* - lieben; *misereri* - sich erbarmen; Abneigung: *odisse* - hassen; *neglegere* - vernachlässigen, übersehen; *vitare* - meiden; *irasci* - zürnen; *maledicere* - (jmdn.) lästern, beschimpfen; *spernere* - verschmähen, ablehnen; *invidere* - (jmdn.) beneiden; *contemnere* - verachten, missachten
45.8 *Christiani est tristes consolari.* - Es ist Zeichen/Eigenschaft eines Christen, die Traurigen zu trösten.
45.9 1. Dentist - *dens* - Zahn; indigniert - *indignari* - empört sein, sich entrüsten (über); lädiert - *laedere* - verletzen; Plazet - *placere* - gefallen; nobel - *nobilis* - vornehm; horrend - *horrere* - schaudern, sich entsetzen (vor); pekuniär - *pecunia* - Geld; probat - *probare* - prüfen, gutheißen, billigen; per pedes - *per* - durch, *pes* - Fuß; Mores - *mos* - Sitte, Brauch, Art; honorieren - *honorare* - ehren, auszeichnen; Lösungssatz: *Bene fecisti.*

46.1 Zwietracht, Uneinigkeit - *discordia* - *concordia* - Eintracht, Einigkeit; verbieten - *vetare* - *permittere* - erlauben; leer, frei - *vacuus* - *plenus* - voll; anders - *aliter* - *item* - ebenso
46.2 *excipio, excepi, exceptum, excipere* - herausnehmen, ausnehmen, aufnehmen; *permitto, permisi, permissum, permittere* - überlassen, erlauben, anvertrauen; *exprimo, expressi, expressum, exprimere* - auspressen, ausdrücken; *soleo, solitus sum, solere* - gewohnt sein, pflegen; *revertor, reverti, reversus, revertere* - zurückkehren
46.3 *recipere* - zurücknehmen; *reddere* - zurückgeben; *redire* - zurückgehen; *reverti* - zurückkehren; *respicere* - zurückschauen; *repetere* - zurückverlangen; *relinquere* - zurücklassen; *referre* - zurückbringen; *remittere* - zurückschicken
46.4 *cor* - Herz; *discordia* - Zwietracht, Uneinigkeit; *concordia* - Eintracht, Einigkeit; *opus* - Werk, Arbeit, *opera* - Arbeit, Mühe
46.5 *Petrus, cum Romam revertisset, martyrium passus est.* - Als Petrus nach Rom zurückgekehrt war, erlitt er das Martyrium.
46.6 Anfang: *incipere* - anfangen, beginnen; *ingredi* - hineingehen; *initium* - Anfang, Beginn; *primo* - zuerst, zunächst, anfangs; *incohare* - beginnen, anfangen; *primus* - der Erste; *primum* - zum ersten Mal; Ende: *finis:* Ende, Grenze, Ziel, Zweck; *conficere* - vollenden; *ultimus* - der Letzte; *postremo* - zuletzt, schließlich; *desinere* - ablassen, aufhören; *perficere* - durchsetzen, vollenden; *finire* - beenden
46.7 *aequus* - gleich, gerecht; *orientalis* - östlich, morgenländisch; *oriens* - Osten, Morgenland; *studiosus* - eifrig bedacht (auf), wissbegierig; *liberalis* - edel, freigebig; *vacuus* - leer, frei (von), *vacare* - frei sein (von), (etw.) nicht haben; *patrius* - väterlich, heimisch, Vater-, *pater* - Vater, *patres* - Senatoren; *patria* - Vaterland, Heimat; *patronus* - Schutzherr, Anwalt
46.8 1 *arithmetica* 2 *geometria* 3 *astronomia* 4 *grammatica* 5 *rhetorica* 6 *dialectica* 7 *musica*

47.1 *mens* - Verstand, Denken, *dementia* - Unsinn, Schwachsinn; *unus* - einer, *unicus* - einzig, einzigartig
47.2 *trans/ultra* - jenseits, über; *aut/vel* - oder; *celeritas/velocitas* - Schnelligkeit

47.3 *mirandus* - wunderbar, bewundernswert; *potens* - mächtig, *potestas* - (Amts-)Gewalt, Macht, Möglichkeit, *potentia* - Macht, *posse, possum, potui* - können; *stultus* - dumm, einfältig, *stultitia* - Dummheit, Einfalt; *gratus* - dankbar, angenehm, willkommen, *gratia* - Dank, Gnade, Beliebtheit, *gratulari, gratulor, gratulatus sum* - danken, (jmdn.) beglückwünschen; *terribilis* - schrecklich, Furcht erregend, *terror* - Schrecken, Angst, *terrere* - (jmdn.) erschrecken; *victor* - Sieger, *victoria* - Sieg, *vincere, vinco, vici, victum* - siegen, besiegen
47.4 Arzt - *medicus* - *sanare* - gesund machen, heilen; Vogel - *avis* - *volare* - fliegen; Schnelligkeit, Geschwindigkeit - *velocitas* - *currere* - laufen, rennen; Luft - *aer* - *anima* - Atem; Linie, Strich - *linea* - *scribere* - schreiben
47.5 *Homines sumus; volare non possumus.* - Wir sind Menschen; wir können nicht fliegen.
47.6 Medizin - *medicus* - Arzt; Patient - *pati* - dulden, (er)leiden; Visite - *visitare* - besuchen; Ambulanz - *ambulare* - spazieren gehen; stationär - *stare* - stehen; Doktor - *doctus* - gelehrt, gebildet; Hospital - *hospes* - Gast, Gastgeber; Sanatorium - *sanare* - gesund machen, heilen; Ultraschall - *ultra* - über, über - hinaus; intravenös - *intra* - innerhalb; Fraktur - *frangere* - brechen, zerbrechen
47.7 *mirandus* - wunderbar; *potestas* - Möglichkeit; *secretum* - Geheimnis; *stultitia* - Dummheit; *ultra* - jenseits; *verberare* - schlagen; *volare* - fliegen; ohne Partner: *vel* - oder
47.8 *cogo, coegi, coactum, cogere* - sammeln, zwingen; *quaero, quaesivi, quaesitum, quaerere* - suchen, fragen; *sequor, secutus sum, sequi* - folgen; *reddo, reddidi, redditum, reddere* - zurückgeben, machen (zu); *vinco, vici, victum, vincere* - siegen, besiegen
47.9 Luft - *aer*; Erde - *terra*; Feuer - *ignis*; Wasser - *aqua*

48.1 error - *errare* - irren; secret - *secretum* - Geheimnis; to visit - *visitare* - besuchen; sign - *signum* - Zeichen; equal - *aequus* - gleich, gerecht; difficult - *difficilis* - schwierig
48.2 *Recita hunc librum!* - Lies dieses Buch vor!
48.3 *diligentia* - Sorgfalt, Gewissenhaftigkeit; *usus* - Gebrauch, Erfahrung, Nutzen; *moderatio* - Mäßigung, Milde; *regula* - Richtschnur, Maßstab, Regel; *difficilis* - schwierig, mühsam, *difficultas* - Schwierigkeit; *severus* - ernst, gewichtig, streng, *severitas* - Strenge, Ernst, Härte; *forma* - Form, Gestalt, *formare* - formen, gestalten; *versus* - Zeile, Vers, *vertere* - wenden, drehen, kehren
48.4 *facio, feci, factum, facere* - machen, herstellen; *adigo, adegi, adactum, adigere* - herantreiben, drängen; *interficio, interfeci, interfectum, interficere* - töten; *assequor, assecutus sum, assequi* - einholen, erreichen; *omitto, omisi, omissum, omittere* - unterlassen, übergehen
48.5 *grammatica* - Grammatik, *grammaticus* - Sprachkundiger, Gelehrter, Lehrer; *praeceptum* - Vorschrift, Lehre, Regel, *praeceptor* - Lehrer
48.6 *magister* - Lehrer; *praeceptor* - Lehrer; *praeceptum* - Vorschrift, Lehre, Regel; *docere* - lehren, unterrichten; *erudire* - unterrichten, bilden; *liber* - Buch, *littera* - Buchstabe; *litterae* - Wissenschaft(en); *lingua* - Sprache; *oratio* - Rede, Sprache; *memoria* - Gedächtnis; *artes* - Künste; *humanitas* - Bildung; *ludus* - Schule; *disciplina* - Unterricht, Lehre, Erziehung; *discipulus* - Schüler; *cultura* - Ausbildung; *doctrina* - Lehre, Gelehrsamkeit; *discere* - lernen; *studere* - sich bilden; *legere* - lesen; *scribere* - schreiben; *scire* - wissen, verstehen; *fingere* - erdichten; *recitare* - vortragen, vorlesen; *disputare* - erörtern, diskutieren; *industria* - Fleiß; *studium* - (wissenschaftliche) Betätigung
48.7 exzellent - *excellere* - hervorragen; optimal - *optimus* - der Beste, sehr gut; famos - *fama* - (guter/schlechter) Ruf; originell - *origo* - Ursprung; superb - *superbus* - hochmütig, stolz

49.1 *quis* - wer; *quantopere* - wie sehr; *quot* - wie viele; *quemadmodum* - auf welche Weise, wie; *quantus* - wie groß, wie viel, *quomodo* - wie, auf welche Weise; *quid* - was; *qualis* - wie beschaffen, was für ein
49.2 *Festina lente!* - Eile mit Weile!
49.3 *panis* - Brot
49.4 *potior, potitus sum, potiri* - sich bemächtigen, in seine Gewalt bekommen; *confero, contuli, collatum, conferre* - zusammentragen, -bringen, vergleichen; *obliviscor, oblitus sum, oblivisci* - (etw.) vergessen; *occidere, occido, occidi, occisum* - niederschlagen, töten; *tenere, teneo, tenui, tentum* - halten, festhalten
49.5 *sacrum* - Heiligtum, Opfer; *oblivio* - Vergessenheit, Vergessen, *oblivisci, obliviscor, oblitus sum* - vergessen; *debitum* - Schuld, Schuldigkeit, *debere* - müssen, schulden, verdanken
49.6 *dies* - Tag, *cottidie* - täglich, *cottidianus* - täglich; *medicus* - Arzt, *remedium* - Heilmittel
49.7 *paries* - Wand
49.8 *cogitare* - denken, bedenken, beabsichtigen; *deliberare* - erwägen, überlegen; *reri* - meinen, denken; *meminisse* - sich erinnern, denken (an); *comprehendere* - begreifen; *cognoscere* - erkennen, bemerken; *intellegere* - erkennen, einsehen, verstehen; *concludere* - schließen, folgern; *videre* - sehen; *spectare* - schauen, anschauen, betrachten; *observare* - beobachten; *contemplari* - betrachten, beobachten; *aspicere* - erblicken, ansehen; *conspicere* - erblicken; *inspicere* - hineinblicken, betrachten; *respicere* - zurückschauen; *dicere* - sagen; *loqui* - sprechen; *appellare* - anreden, nennen; *nominare* - benennen; *quaerere ex* - fragen; *rogare* - fragen; *interrogare* - fragen; *respondere* - antworten, erwidern; *affirmare* - bestätigen, behaupten; *negare* - leugnen, bestreiten; *nuntiare* - melden, mitteilen; *referre* - berichten, melden; *recitare* - vorlesen, vortragen

50.1 *Num Romani celebrantur, quod magna parte orbis terrarum potiti sunt multasque gentes debellaverunt et subiecerunt?* - Werden die Römer etwa (deshalb) gepriesen, weil sie sich eines großen Teils der Welt bemächtigt haben und viele Völker besiegt und unterworfen haben?
50.2 *potior, potitus sum, potiri* - sich bemächtigen, in seine Gewalt bekommen; *confero, contuli, collatum, conferre* - zusammentragen, -bringen, vergleichen; *attineo, attinui, attentum, attinere* - aufhalten, festhalten, sich erstrecken; *subicio, subieci, subiectum, subicere* - unterwerfen; *distribuo, distribui, distributum, distribuere* - verteilen, einteilen
50.3 *potiri, potior, potitus sum* - sich bemächtigen, in seine Gewalt bekommen; *occidens* - Westen, Abendland; *occidere, occido, occidi, —* - untergehen, umkommen; *salutaris* - heilsam, zuträglich, nützlich; *salus* - Wohl, Gesundheit; *salutare* - grüßen
50.4 *intersunt - intersum; affixit - affigo; debito - debitum; polliciti - polliceor; passum - passus/patior; vinxit - vincio; disposueramus - dispono; signa - signo/signum; dilexi - diligo; transitur - transeo; profecto - profecto; aetate - aetas; humiliores - humilis; contempsisti - contemno; rei - res/reus; solitus - soleo; egerunt - ago; arte - ars; facies - facio/facies; cupidinem - cupido; patrio - patrius; neglectum - neglego; obligatus - obligo; vulgi - vulgus; confisus - confido; constantem - constans; reversus - revertor; auctoritatem - auctoritas*
50.5 *aer* - Luft; *amor* - Liebe; *animal* - Tier; *audire* - hören; *bene* - gut; *cavere* - sich in Acht nehmen, sich hüten (vor); *concordia* - Eintracht; *cultura* - Anbau; *dens* - Zahn; *facere* - tun, machen, herstellen; *fortuna* - Glück; *frigus* - Kälte, Frost; *industria* - Fleiß, Eifer; *iuventus* - Jugend; *lupus* - Wolf; *mensa* - Tisch; *nuntius* - Bote, Nachricht; *otium* - freie Zeit, Freizeit, Ruhe; *pietas* - Frömmigkeit, Pflichtgefühl; *pulcher* - schön, hübsch; *sapientia* - Weisheit, Verstand; *satura* - Satire; *sermo* - Gespräch; *sonus* - Ton, Klang; *veritas* - Wahrheit;
Personennamen: Benedikt - *bene* - gut, *dicere* - sagen; Clara - *clarus* - klar, hell, berühmt; Justus - *iustus* - gerecht; Regina(straße) - *regina* - Königin; Vera - *verus* - wahr, echt; Viktoria - *victoria* - Sieg; *iunior* - der Jüngere; *senior* - der Ältere; Fremdwörter: Agentur - *agere* - treiben, betreiben, handeln, verhandeln; Detektiv - *detegere* - aufdecken, entdecken; Filiale - *filia* - Tochter; Institut - *instituere* - einrichten, beginnen, beabsichtigen, unterrichten; Laboratorium - *laborare* - arbeiten, sich anstrengen; literarisch - *littera* - Buchstabe